AF392197

TRIUNFA CON TU LIBRO

CÓMO VENDER UN LIBRO EN AMAZON... ¡Y A VIVIR!

- Guía paso a paso para ganar dinero con un libro -

Kevin Albert

ISBN 978-9916-9938-8-0

Aviso: Este trabajo se deriva de la experiencia del autor en la escritura, publicación y venta de libros. Su objetivo es informar e inspirar a otros escritores, proporcionándoles herramientas y estrategias para triunfar en su camino hacia la autopublicación. No existe una fórmula mágica para todos, por lo que las ideas y consejos expuestos deben ser seleccionados y adaptados cuidadosamente para satisfacer las necesidades, metas y deseos de cada individuo particular.

*El problema con la carrera de la rata es que incluso
si ganas, sigues siendo una rata.*

— LILY TOMLIN

ÍNDICE

Introducción 1

Bestseller en 24 horas 13

De *bestseller* a *longseller* 31

   1.   El título. 35

   2.   La portada. 36

   4.   La descripción. 37

   5.   Echa un vistazo. 38

   6.   Página de autor. 41

   7.   Tu libro en sí (obvio). 46

Reseñas: la clave del éxito 49

El método DTP: 600€ al mes garantizados 79

  Estrategia nº1: **divide**. 83

  Estrategia nº2: **traduce**. 102

  Estrategia nº3: **promociona**. 115

Bueno, ¿y qué más? 135

Importante 141

¡Un regalo solo para ti!

¿Te gustaría leer **mi próximo libro completamente GRATIS**? ¡Escanea el código que aparece debajo y **apúntate a mi club de lectores**!

Te esperan grandes sorpresas: sé el primero en leer mis nuevos lanzamientos, escucha mis audiolibros de forma gratuita, consigue copias firmadas y dedicadas... ¡y mucho más!

Introducción

Tras haber dedicado cuatro años de mi vida a escribir mi primer libro y medio más a publicarlo, había llegado la hora de la verdad. ¿Todo ese trabajo y sufrimiento daría sus frutos y se transformaría en ventas?

Yo sabía que la calidad de mi libro era excelente tanto por dentro —solucionaba un problema latente no satisfecho—, como por fuera —la portada, maquetación, edición... habían sido llevadas a cabo por expertos profesionales—.

También sabía que me convertiría en autor *bestseller* sin ninguna duda pues había investigado bien cómo hacer un buen lanzamiento en Amazon.

A pesar de todo esto, durante la misma semana de publicación y yendo las cosas estupendamente, recuerdo haberle comentado a otro compañero emprendedor: «Yo firmaría ya porque el libro me diese cincuenta euritos al mes».

¡¿Solo cincuenta euros?!

Sabiendo que tenía entre mis manos un libro increíble y que el lanzamiento iba a ser espectacular... ¿por qué me conformaba con cincuenta míseros euros al mes? Pues porque conozco muy bien el mundo *online*.

En internet existen productos increíbles que ni se conocen ni se venden por carecer de una buena promoción, y productos mediocres que generan millones de euros (véase Hawkers, por ejemplo) por contar con un buen plan de marketing.

Por supuesto, mis perspectivas económicas habrían sido muy diferentes si hubiese estado dispuesto a trabajar para mi libro (crear un blog, un podcast, dar conferencias, invertir en publicidad, etc.), pero yo ya tenía un trabajo que ocupaba el cien por cien de mi tiempo y **lo que quería era que mi libro trabajase para mí y no al revés**. Quería un **ingreso extra 100% pasivo.**

Por *suerte*, tras el lanzamiento y habiendo alcanzado la posición de *bestseller* en varias categorías de Amazon tanto dentro como fuera de España, mi libro continuó vendiéndose relativamente bien y **los beneficios rondaban los 150€/mes**: el triple de los ingresos por los que hubiese firmado sin dudar unos meses atrás.

Estaba más que contento. Un libro que había escrito por pura cabezonería ocupaba las primeras posiciones de Amazon por delante de autores internacionalmente reconocidos, había mejorado mi marca personal de forma increíble —con lo que me llegaban propuestas de trabajo impensables hasta ese momento— y además me daba unos 2.000 euritos al año para irme de vacaciones.

¿Qué más podía pedir?

Ya había conseguido mucho más de lo que prometen decenas de libros sobre *cómo autopublicar tu libro y triunfar en Amazon*.

Sin embargo, un año más tarde pasó algo que lo cambió todo: llegó la jubilación de mi padre.

Como muchas otras personas de su edad, mi padre empezó a trabajar desde muy pequeño, a la edad de doce años, y durante sus más de cincuenta años de vida laboral nunca había cogido ni un solo día de baja ni había disfrutado de más de quince días de vacaciones seguidos. ¿Te imaginas mi indignación cuando me enteré de que, a pesar de todo, su pensión iba a quedarse en menos de 600€?

¡600€ al mes en España después de toda una vida trabajando muy duro!

La rabia que yo sentía no era poca, así que decidí aprovecharla a mi favor y utilizar esta energía de forma constructiva.

Fue en aquel momento cuando me propuse encontrar la manera de que cualquier persona que escribiese un libro pudiese crear unos ingresos pasivos de, al menos, 600€/mes en menos de un año y no en cincuenta y cuatro como en el caso de mi padre.

Como resultado de esta misión personal y de más de tres años de investigación en los que invertí más de 5.000 euros en diferentes cursos y formaciones, finalmente di con **un sistema que permite que tanto escritores como no escritores puedan generar unos ingresos pasivos de al menos 600€ al mes con un solo libro de no ficción.**

El objetivo de este libro es ~~que puedas crear una pensión de jubilación digna en menos de un año~~ **ESCAPAR DEL SISTEMA.**

Has leído bien. Mi principal motivación al escribir estas líneas, como ya comenté en la primera parte de

maquetación...) pueda generar unos ingresos de 600€/mes.

3. Tiempo.

Conseguir una pensión de jubilación de 600€/mes requiere más de cincuenta años de dedicación completa. Con un libro puedes conseguirlo en menos de un año y dedicando tan solo unas pocas horas a la semana.

4. Pasivo 100%.

Una vez que tu libro esté rodando, los ingresos llegarán cada mes sin que tengas que hacer nada.

5. Riesgo 0%.

A diferencia de otros tipos de negocio, no tienes que dejar tu trabajo habitual, arriesgarlo todo y malvivir hasta que tu nuevo proyecto funcione, ¡si es que lo hace!

6. No tienes que crear una web.

Una de las principales ventajas de los negocios *online* es que no necesitas alquilar un espacio físico para poder funcionar; con una buena página web es suficiente.

Si vendes tu libro a través de Amazon, ni siquiera tendrás que preocuparte de esto: Amazon será tu web, una web increíble.

7. No necesitas aprender de marketing.

Para vender cualquier producto en internet (y fuera de internet) es necesario aplicar una estrategia de marketing. Tanto si decides subcontratar como si optas por aprender a hacerlo por ti mismo, tendrás que crear un **embudo de ventas** mínimo viable. Es decir, tendrás que **atraer** usuarios hasta tu producto, **convertir** a estos usuarios en *leads* (clientes potenciales) y **venderles** tu producto.

Amazon se ocupa de cada una de estas fases sin que tú tengas que hacer nada. Y si quieres aumentar tus ventas/beneficios, dispone de su propia plataforma de publicidad para que puedas añadir más usuarios a la parte superior de este embudo.

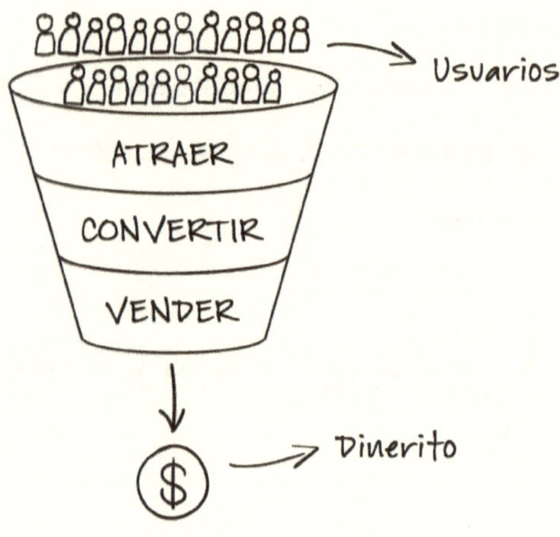

Embudo de ventas mínimo viable.

8. No tienes que gestionar clientes.

Consultas, envíos, devoluciones, reclamaciones... ¡Amazon se encarga! Tú solo tienes que preocuparte de que tu número de cuenta esté bien escrito para recibir tus *royalties* puntualmente.

9. Puedes repetir el proceso una y otra vez.

¿600€ al mes no te da ni para tu hipoteca? Pues escribe un segundo libro y dóblate el sueldo, o un tercero y triplícatelo, o un cuarto... ¿se entiende la idea?

Crear tu primer libro y alcanzar esta cantidad mensual puede resultar todo un desafío (vas a romper muchas barreras mentales durante el proceso), pero una vez lo hayas conseguido, lo verás todo desde una perspectiva diferente y seguro que te animas a escribir el siguiente, esta vez, dedicando mucho menos tiempo.

10. Es un buen *primer paso*.

Incluso si, como yo, tus inquietudes en el mundo *online* van más allá de escribir o ganar 600 euros al mes, empezar con un libro es un gran punto de partida:

- Te permitirá crear todo un imperio a partir de tu obra si te decides a utilizarla como medio para posicionarte como experto **en tu sector** y captar clientes a los que venderles tus productos o servicios.

- Te dará la confianza que necesitas para afrontar un nuevo negocio más ambicioso **en otro sector**. Cuando veas que es posible generar ingresos sin depender de un jefe, será más difícil que tus miedos te hagan tirar la toalla a mitad de camino para volver a la «seguridad» de un trabajo fijo.

Y ahora que ya sabes la libertad que te espera cuando hayas escapado del sistema gracias a un solo libro...

¡Es hora de vender tu libro!

Bestseller en 24 horas

¿Alguna vez te ha impresionado oír que algún amigo o conocido era autor o autora *bestseller*? ¿Has sentido una envidia sana —o no tan sana— por esa persona? ¿Pensabas que era una proeza solo al alcance de unos pocos bendecidos con el don de la escritura? ¿Creíste que era algo que nunca podrías conseguir?

¡Tengo muy buenas noticias para ti!

Tú no solo **puedes ser autor *bestseller* en Amazon,** sino que, además... ¡puedes lograrlo **en menos de 24 horas!**

Sí, de verdad de la buena. Te lo prometo. Si no es así, te invito a una paella.

¿Dónde está el truco?

Puede que esto te sorprenda, pero Amazon recalcula la posición que ocupan todos los libros subidos a su plataforma **cada hora y por cada categoría**. Esto quiere decir que, si *por casualidad*, un día cualquiera tu libro llega a ser el más vendido dentro de una categoría determinada... **Amazon le pondrá la banderita de *bestseller*.**

Sabiendo esto, ya podemos preparar una estrategia de lanzamiento —o relanzamiento, si es que ya habías publicado tu libro— que nos garantice obtener dicho reconocimiento.

Estrategia de lanzamiento.

Ya sabemos que conseguir alcanzar la posición de *bestseller* en Amazon únicamente depende de dos factores:

- Las **categorías** de tu libro.
- Las **ventas** de tu libro **en 24 horas**.

11. Categorías.

Para dar con las categorías más apropiadas y con mayor potencial de convertir tu obra en un *bestseller*, tan solo debes seguir tres sencillos pasos:

(Si ya leíste la segunda parte de Triunfa con tu libro[2], este punto puedes saltártelo)

1. Encuentra las posibles categorías para tu libro.

Para hallarlas, debes dirigirte al apartado «Detalles de producto» de otros libros similares al tuyo (pueden ser competencia directa o no) e ir apuntando las categorías en las que aparecen clasificados. Verás que cada libro está incluido en dos o tres diferentes.

Localización de las categorías en «Detalles del producto».

---

[2] *soykevinalbert.com/books/tctl2*

Procura hacer una lista de al menos 15 posibles categorías.

2. Investiga el libro nº1 de cada categoría.

Ahora que ya tienes tu lista de posibles categorías, es hora de averiguar cuáles tienen un mayor potencial de convertirte en *bestseller*.

Para ello, lo primero es entrar en la lista de los más vendidos de cada una de estas haciendo clic sobre el nombre de dicha categoría en el apartado «Detalles de producto» de los libros que has investigado.

Una vez dentro, pincha sobre el que ocupe el puesto nº1 en cada una de ellas y anota su ABSR[3] o **clasificación en los más vendidos de Amazon**. Este número es el que tendrías que mejorar para colocarte como *bestseller* en dicha categoría. Cuanto mayor sea el ABSR, más fácil te será alzarte como nº1.

---

[3] Amazon Bestsellers Rank: es un indicador de las ventas que ha tenido un libro en un período de tiempo determinado en comparación con el resto de libros de Amazon. A mayor número de ventas, menor ABSR.

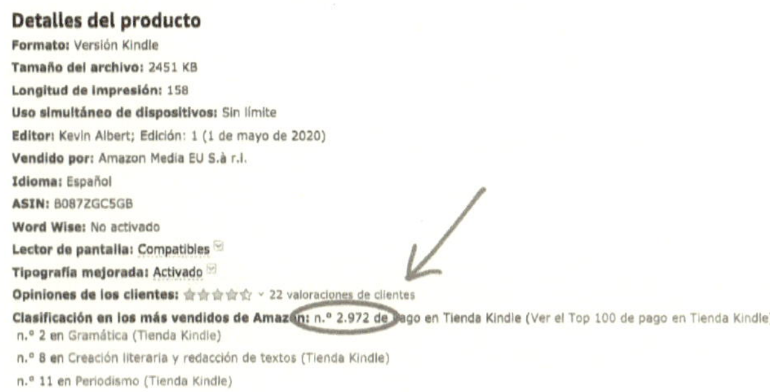

Localización del ABSR en «Detalles del producto».

Digamos que, en un momento determinado, tu libro tiene un ABSR de 100. Esto querría decir que tan solo hay 99 libros más en todo Amazon que se están vendiendo mejor que el tuyo. Si tu ABSR fuese de 1.000, habría 999 libros vendiéndose mejor que tu obra, y así sucesivamente.

De esta forma, si tienes el ABSR más bajo de todos los libros dentro de una determinada categoría, serás el nº1 en esa categoría. Así de simple.

Ejemplo: si eliges una categoría en la que el nº1 tiene un ABSR de 500, para alcanzar el primer puesto tu libro deberá tener un ABSR menor o igual a 499.

Es por esto que las categorías que eliges cuando subes tu libro a KDP tienen un impacto directo en tus posibilidades de llegar a ser autor *bestseller*.

3. Prepara tu lista de categorías.

Con esta pequeña investigación que acabas de realizar ya sabes qué categorías son las más adecuadas para la temática de tu libro y, lo más importante, cuáles tienen más posibilidades de auparte como autor *bestseller* (las que cuentan con un ABSR más alto).

Hasta aquí todo claro, pero cuando empiezas a subir tu libro a KDP y llegas al apartado en el que tienes que seleccionar tus dos categorías, puedes encontrarte con la sorpresa de que alguna no aparezca en la lista.

Que no cunda el pánico, no hemos perdido el tiempo. Amazon dispone de muchas más categorías de las que podemos seleccionar cuando subimos nuestro libro a KDP. Tal vez sea por una simple cuestión de no volvernos locos a la hora de elegir, no lo sé. En cualquier caso, lo único que tienes que hacer es seleccionar las dos que más se ajusten a las que elegiste en tu investigación y, una vez publicado tu libro, escribir un *email* al centro de soporte de Amazon pidiéndoles que por favor se te incluya en las categorías que no has conseguido encontrar. Te lo solucionarán en menos de cuarenta y ocho horas.

Truco pro: como ya he comentado, cuando subes tu libro a KDP tendrás la posibilidad de elegir dos únicas categorías, pero, ¿sabes que, en realidad, **puedes colocar tu libro hasta en diez categorías diferentes**? ¡¿Te imaginas el potencial que esto puede llegar a tener en tus ventas?!

Esto es lo que yo suelo escribir:

Hola:

Quisiera que incluyan mis libros con ASIN: XXX (Kindle) y ASIN: XXX (tapa blanda) en las siguientes categorías:

Kindle

"Tienda Kindle > eBooks Kindle > Lengua, lingüística y redacción > Creación literaria y redacción de textos"

"Tienda Kindle > eBooks Kindle > Salud, familia y desarrollo personal > Desarrollo personal y autoayuda"

"Tienda Kindle > eBooks Kindle > Lengua, lingüística y redacción"

...

Tapa blanda

"Libros > Lengua, lingüística y redacción > Creación literaria y redacción de textos"

"Libros > Arte, cine y fotografía > Diseño gráfico > Diseño de libros"

...

Encontrarás el ASIN de tus libros en tu panel de control de KDP:

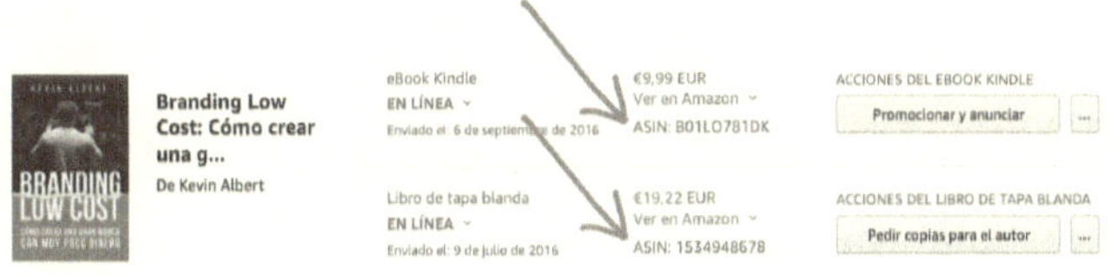

Localización del ASIN en el panel de KDP.

12.   Ventas en 24 horas.

Una vez que Amazon te confirme que tu libro ha sido añadido a las categorías solicitadas, es hora de poner en marcha tu *equipo de lanzamiento*, que básicamente va a consistir en un grupo de amigos y familiares dispuestos a comprar tu libro el día que lo publiques. Unos lo harán porque les interesa el tema y realmente están impacientes por leerlo, otros porque se sienten orgullosos de tener un libro tuyo, otros simplemente por apoyarte... Da igual el motivo, cuanto mayor sea tu equipo de lanzamiento, mejor.

Por supuesto, si tienes seguidores o fans y quieres añadirlos a este grupo, adelante.

Procura que tu equipo esté formado por, al menos, 20 personas. A mayor número, más posiciones escalarás en el ranking de Amazon y más efectivo será tu lanzamiento.

No es lo mismo llegar a ser *bestseller* de una subcategoría que serlo de una categoría principal. Y esto, vuelvo a repetir, va a depender de las ventas que seas capaz de conseguir en un lapso de 24 horas.

Es importante que tengas preparado tu equipo de lanzamiento al menos una semana antes de publicar. Explícales todo cuanto consideres necesario, pero sobre todo, no olvides decirles que es imprescindible que compren tu libro **el mismo día que se lo pidas**.

Muy bien, ya tienes tu equipo listo, has publicado tu libro, solicitado las diez categorías en las que quieres que se incluya y te las acaban de conceder. Ahora... calma. Si Amazon te avisa de que tu libro ha sido incluido en las categorías solicitadas pasadas las diez de la mañana, espera al día siguiente para avisar a tu equipo de lanzamiento. Puedes ponerte en contacto con ellos como tú prefieras: por WhatsApp, con un correo, por teléfono... Lo importante es que te asegures de que reciben tu mensaje ese mismo día y que los avises a todos al mismo tiempo. No dividas esta tarea y se lo digas a unos cuantos por la mañana, a otros por la tarde y a otros por la noche. Siéntate y no te levantes hasta acabar los deberes.

IMPORTANTE: Amazon tiene un ranking específico para Kindle y otro para libros físicos, por lo que, si no quieres dividir fuerzas durante tu lanzamiento, **céntrate en una de las dos versiones**. Seguro que muchas de las personas en tu equipo de lanzamiento estarán deseosas de tener un ejemplar físico para que puedas firmárselo y colocarlo en una de sus estanterías a la vista de todo el mundo, pero también habrá unas cuantas que tan solo te estén haciendo el favor, por lo que cuanto menos tengan que gastarse en echarte una mano, menos posibilidades de que acaben echándose atrás. Por ello, no solo **te recomiendo apostar por la versión digital**, sino que además te sugiero que establezcas un precio especial de lanzamiento. De esta forma, evitas llevarte la desagradable sorpresa de que algunos se hagan los locos y finalmente no lo compren (aun así, los habrá) y además aumentarás las ventas reales mientras mantengas este precio especial.

Precio de lanzamiento.

Puesto que la opción de ofrecer tu libro de forma gratuita durante cinco días que te ofrece KDP ya no funciona como solía hacerlo, mi recomendación es que al menos durante las 24-48 horas que tarde tu equipo en realizar la compra pongas tu Kindle a 0,99€.

Poner este precio rebajado tiene un triple propósito:

1. Aumentar las ventas dentro de tu propio equipo de lanzamiento: 0,99€ es una inversión insignificante incluso para aquellas personas que no tengan demasiado interés en la temática de tu libro y, en principio, lo compren solo por ayudarte.

2. Transmitir una sensación de urgencia real a tu equipo de lanzamiento. Si cuando les escribas o llames para decirles que ha llegado el momento de comprar tu libro añades que es muy importante que lo hagan *hoy* porque mañana subirá de precio, disminuirás las posibilidades de que se duerman en los laureles y se les acabe olvidando o lo dejen para otro día.

3. Aumentar las ventas reales (personas fuera de tu equipo) de tu libro. Una vez termines tu lanzamiento, el precio al que decidas fijar tu libro dependerá de tus objetivos, pero ahora mismo

lo único que estamos buscando es conseguir el número de ventas más alto posible para alcanzar la posición *bestseller* en el mayor número de categorías y, sin duda, un precio tan reducido te ayudará a conseguirlo.

Una vez que hayas terminado tu lanzamiento y todos los miembros de tu equipo tengan su libro, tienes dos opciones a la hora de modificar el precio:

- Cambiarlo directamente al precio final que tenías en mente: el que tú crees que se ajusta a su valor, por ejemplo.
- Ir aumentando 1€ por mes hasta que los beneficios se estabilicen o empiecen disminuir. Es una buena forma de dar con un precio óptimo.

Lanzamiento paso a paso.

Recapitulemos los diferentes pasos que debes dar en el orden adecuado para el lanzamiento de tu libro:

Paso 1: prepara tu equipo de lanzamiento una semana antes de que planees publicar.

Paso 2: publica tu libro en Amazon poniendo tu Kindle a 0,99€. Desde que aprietas el botón «Publicar» hasta que tu libro aparece en Amazon suelen pasar entre 24 y 72 horas.

Paso 3: una vez que tu libro aparezca en Amazon, escribe a KDP y solicita las diez categorías para cada libro: físico y digital. Te contestarán en menos de 48 horas.

Paso 4: cuando te confirmen que ha sido añadido a las categorías solicitadas, contacta con tu equipo de lanzamiento y recuérdales que deben hacer la compra ese mismo día, pues vas a subir el precio.

Paso 5: pasadas 48h modifica el precio de tu libro si lo deseas.

Si sigues estos sencillos pasos y tienes un equipo de lanzamiento de al menos veinte personas, **te**

garantizo que conseguirás alcanzar la posición de *bestseller* en una o más de las diez categorías que has solicitado.

Pero... ¿cuántos libros tienes que vender para ser *bestseller* en tu categoría principal o favorita? ¿Y para ser el nº1 de todo Amazon?

Si quieres saber el número exacto para ocupar esta posición en una determinada categoría, puedes valerte de la herramienta *Publisher Rocket*[4], un software muy recomendable para espiar a tu competencia.

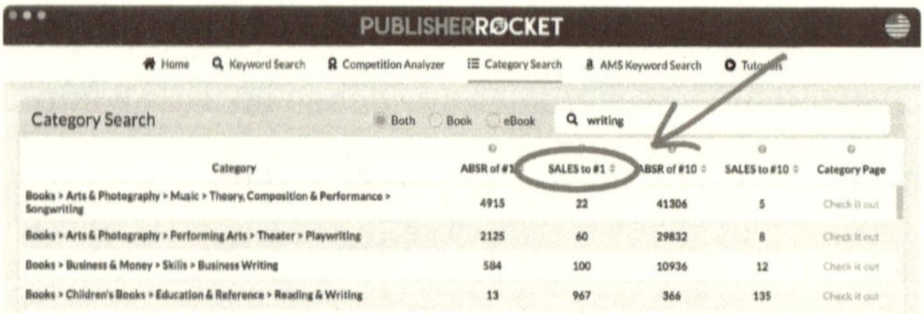

Category	ABSR of #1	SALES to #1	ABSR of #10	SALES to #10	Category Page
Books › Arts & Photography › Music › Theory, Composition & Performance › Songwriting	4915	22	41306	5	Check it out
Books › Arts & Photography › Performing Arts › Theater › Playwriting	2125	60	29832	8	Check it out
Books › Business & Money › Skills › Business Writing	584	100	10936	12	Check it out
Books › Children's Books › Education & Reference › Reading & Writing	13	967	366	135	Check it out

Ventas en 24 horas para alcanzar la posición n.º 1

---

[4] *soykevinalbert.com/rocket*

Bueno, y ahora que ya eres *bestseller* y antes de pasar al siguiente capítulo, tengo que darte una mala noticia...

Ser bestseller no sirve para nada.

Durante mi investigación, uno de los cursos en los que invertí algo más de 500€ prometía mostrarte cómo convertirte en Amazon *bestseller*. Tengo que decir que, aunque acabé maldiciendo al vendehúmos que me coló el dichoso curso, en realidad la formación cumplía con lo prometido. Es decir, te enseñaba exactamente lo mismo que acabo de enseñarte yo en apenas diez páginas, pero en formato vídeo y por unas **100 veces lo que cuesta este libro** (y no hemos hecho más que empezar).

En realidad, el error fue mío y he observado que es algo muy común. Hasta hace no mucho, cuando oía la palabra *bestseller* la relacionaba con ventas (muchas ventas) y dinero. Sin embargo, la verdad es otra: ser bestseller en Amazon (sin una estrategia detrás) solo sirve para hinchar tu ego y vacilar ante aquellos ingenuos que todavía piensan que es sinónimo de éxito.

Entonces, ¿te he contado toda esta milonga de cómo ser Amazon *bestseller* solo para reírme de ti como hicieron conmigo cuando me vendieron el susodicho curso? No.

Alcanzar esta posición, especialmente durante el lanzamiento de tu libro y contando con una estrategia posterior, es un paso fundamental para conseguir triunfar con tu obra que, a mi modo de entender, consiste en **vender muchos libros, que te generen muchos ingresos y hacerlo durante mucho tiempo.**

Pero que no te engañen, esto no se consigue siendo *bestseller* por un día. **A esto se le llama... ser un** ***longseller***.

De *bestseller* a *longseller*

Se puede ser *longseller* sin necesidad de ser *bestseller* y viceversa, pero si te he enseñado una estrategia que te garantice alcanzar la posición de *bestseller* durante el lanzamiento de tu libro, no ha sido por el placer de rellenar páginas. Como he comentado, **ser *bestseller* contando con una estrategia posterior** es un potente catalizador hacia el éxito de tu libro pues, si se hacen bien las cosas, **permite generar la inercia suficiente** como para mantener las ventas a lo largo del tiempo. Esto, y no el conseguir la banderita de «Más vendido», es lo que pretendo enseñarte en este libro: cómo obtener unos buenos ingresos pasivos extra todos los meses y a ser posible durante toda la vida.

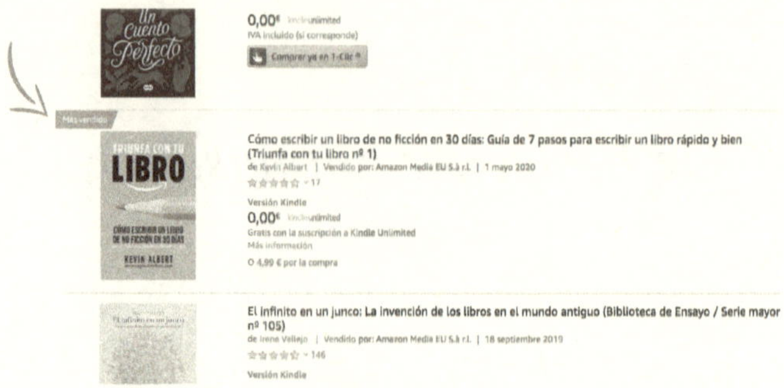

Insignia de «Más vendido» en la página de búsquedas.

Es importante que no cometas el error de pensar que, si tu libro se ha posicionado como *bestseller* durante su lanzamiento, ya está todo el trabajo hecho y puedes sentarte a esperar que las ventas sigan entrando. Permíteme que insista una vez más: esta estrategia tan solo sirve para darnos la inercia necesaria para arrancar, pero por sí sola no vale para nada:

Conozco a una pareja de gurús que, haciéndose valer de su lista de más de 20.000 suscriptores, realizaron un lanzamiento que no solo les permitió colocar su libro como *bestseller* en las mejores categorías, sino que alcanzaron el nº1 de todo Amazon con un libro... de mier**. A la semana siguiente, había caído en picado y de las pocas ventas reales que conseguían solo recibían reseñas negativas quejándose de su mala calidad. A estos dos gurús no les sirvió absolutamente de nada colocar su libro como el más vendido de todo Amazon y, pocos meses después, acabaron retirándolo de la venta.

Más extravagante todavía es el caso del *no escritor* Brent Underwood, un asesor de marketing estadounidense que, con el único objetivo de demostrar el escaso valor que tiene llegar a ser *bestseller* en Amazon, publicó un libro de una sola página en la que aparece la foto de un pie, la misma que muestra la portada, bajo el título de *Putting My Foot Down*[5] y lo posicionó como *bestseller* de Amazon en menos de cinco minutos.

Te recomiendo que busques la historia completa de Underwood en Google, pero por si te da pereza, te dejo dos frases extraídas de una de las entrevistas que le hicieron tras semejante hazaña:

---

[5] *soykevinalbert.com/pmfd*

- «La gente llega al *top* de una categoría y, aunque dure solo una hora, se apresuran a indicarlo en todas sus biografías y presumen de ello durante el resto de su vida».

- «Hay todo tipo de webs vergonzosas que prometen secretos, trucos, conferencias y seminarios *online* para convertirte en un *bestseller* de la noche a la mañana».

Y, ahora que ya tienes claro que alcanzar la posición de más vendido es simplemente un paso intermedio en tu camino hacia convertirte en un auténtico *longseller* que te permita subirte el sueldo, pasemos al siguiente paso.

Las 7 claves de un *longseller*.

Que tu libro se convierta en un *longseller* es tan *fácil* como que, tras su lanzamiento, continúe teniendo un número de ventas considerable. Para que esto ocurra deben cumplirse 3 requisitos o fases: que tu libro se muestre (visibilidad), que despierte interés y que se venda.

Por suerte para ti, en Amazon tú tienes el poder de influir directamente sobre cada una de estas 3 fases prestando atención a 7 puntos clave:

1. El título.

Por muy bueno que sea tu libro, si los lectores no lo encuentran de nada servirá. Es por esto que considero que el título es el secreto nº1 en el éxito de un libro, pues **es el principal responsable de que Amazon muestre o no tu obra** cuando un usuario realiza una búsqueda.

Fórmula para un título perfecto[6] que enamore a Amazon y a tus lectores potenciales:

FTP = palabras clave (SEO) + solución (punto de dolor) + personalidad + límite temporal

---

[6] Explicado paso a paso en la primera parte de *Triunfa con tu libro*: *soykevinalbert.com/books/tctl1*

2. La portada.

Si el título es el responsable principal de que los lectores encuentren tu libro, sin duda la portada **es responsable principal de captar su interés**. Una portada bien diseñada —diseñada para la venta— atraerá la atención de los usuarios y obtendrá más clics que su competencia.

Además, si el algoritmo de Amazon detecta que tu obra recibe un mayor porcentaje de clics, interpretará que es un libro relevante para los lectores aumentado así su ranking, lo cual a su vez lo hará más visible.

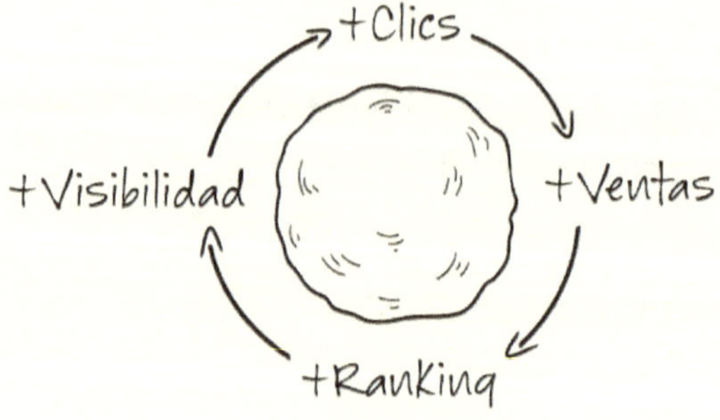

Efecto bola de nieve.

Puesto que la portada va a jugar un papel tan decisivo en el éxito de tu libro, tienes que tomarte las cosas en serio. Con esto quiero decir que no vas a diseñarla tú, ni tu cuñado que dibuja muy bien, ni tu prima que hizo la carrera de Bellas Artes...

Repite conmigo: **la portada de mi libro debe diseñarla un profesional**.

4. La descripción.

Una vez que el usuario haga clic sobre la miniatura de tu libro en los resultados de búsqueda o recomendaciones de Amazon, será dirigido a la página de producto, es decir, a una página que Amazon ha preparado exclusivamente para tu obra. En ella, el usuario tiene absolutamente toda la información necesaria para tomar la decisión de compra. Y, entre toda esta información, el elemento con mayor poder de persuasión es sin duda la descripción de tu libro. Una descripción escrita con lenguaje persuasivo y presentada en un formato que enamore a tus potenciales lectores.

Capta el correo de los indecisos.

Son muchas las posibilidades de que, si el usuario abandona la página de tu libro sin haber realizado la compra, hayas perdido la venta para siempre. Es por ello que es una muy buena idea utilizar estas primeras páginas para conseguir su *email* ofreciéndoles algo a cambio: un recurso gratuito, el acceso a un vídeo privado relacionado con la temática de tu libro, una invitación a un webinar[8], etc.

Teniendo el contacto de estos usuarios indecisos podemos poner en marcha cientos de estrategias que nos permitirán multiplicar nuestros beneficios. Y aunque esto es algo que daría para todo un máster en marketing digital, con el simple hecho de enviar un correo de vez en cuando a tu lista de contactos en el que hables de algún aspecto interesante relacionado con la temática de tu libro, **incrementarás tus ventas con un esfuerzo mínimo.**

---

[8] El término *webinar* es un neologismo que combina las palabras *web* y *seminario.* Se refiere a cualquier contenido en versión vídeo cuyo principal objetivo sea educativo y práctico.

6. Página de autor.

En mi época como comercial aprendí, por el camino difícil, una lección que me quedó grabada de por vida:

*Para conseguir una venta no solo es necesario vender el producto, también debes vender la empresa y debes venderte **tú**.*

La falta de uno de estos tres elementos impedirá que la venta llegue a producirse, especialmente si estamos hablando de productos con un precio elevado.

En una plataforma como Amazon no necesitamos vender la empresa, pues estamos hablando de la compañía mejor valorada por sus clientes de todo el mundo. Así que, si hemos hecho un buen trabajo vendiendo nuestro producto gracias a la correcta aplicación de las claves expuestas en este capítulo, tan solo nos queda... **vendernos a nosotros mismos**; y la herramienta específica para tal efecto es la página de autor de Amazon.

La página de autor es el equivalente a la sección «quiénes somos» o «quién soy» de una web corporativa o de un blog personal. No es casualidad que sea **la más visitada por los usuarios**: tus clientes necesitan saber quién eres.

Debemos utilizar esta sección para crear una conexión con nuestros lectores, generar confianza, transmitir profesionalidad... En resumen, dejarles ver quién es la persona que se esconde tras las páginas del libro/s que han leído o están pensando leer.

No cometas el error de usar tu página de autor a modo de currículum.

En determinadas ocasiones mencionar tus méritos académicos puede ser aconsejable o incluso necesario, pero lo más importante, y tu objetivo principal a la hora de completar este apartado, es empatizar con tu lector. Si consigues que se identifiquen contigo y con tu historia, serán capaces de imaginarse alcanzando tus mismos logros; esos que explicas cómo conseguir en tu libro. Si eres capaz de conseguir esto, la venta está garantizada.

¡Ojo! No te inventes una historia por el simple hecho de que pienses que vas a vender más. Es una estrategia cortoplacista y te puede salir el tiro por la culata.

Muchos vendedores de empresas multinivel (como Herbalife, por mencionar uno al azar) alquilan coches y casas lujosas solo para hacerse el *selfie* y publicarlo en sus redes sociales para captar así a unos cuantos incautos deslumbrados por la *supuesta* vidorra que estos vendehúmos se pegan vendiendo batidos de chocolate. Son tan cutres que en ocasiones alquilan estos lujos entre varias parejas (por algún motivo les insisten mucho en que siempre muestren la pareja feliz) y se van turnando para la foto.

Este tipo de farsas puede que sirvan de algo y durante algún tiempo dentro del mundo del multinivel o de los nuevos infoproductores (ambos usan exactamente las mismas estrategias), pero en Amazon te cazarán antes de que quieras darte cuenta y el castillo de naipes se desmoronará.

Ahora que ya sabes por qué es importante este apartado y cómo sacarle el máximo provecho, pasemos a la parte técnica.

A diferencia del resto de elementos, la página de autor no se rellena desde nuestro panel de KDP. Es por este motivo que son muchos los autores que se saltan este paso —ya sea por pereza o por desconocimiento—, lo cual nos va a permitir diferenciarnos y ganar muchos puntos a los ojos de Amazon y de nuestros lectores.

El primer paso para crear tu página de autor es abrir una cuenta en *Amazon Author Central* entrando en: *authorcentral.amazon.com*.

Una vez te hayas registrado, dentro encontrarás varias secciones a tu disposición para conseguir que tus lectores se conviertan en tus fans. Sí, como autor también es posible tener tus propios *followers* dentro de Amazon.

No te conformes únicamente con añadir tu foto y tu biografía: si tienes un blog no dudes en vincularlo; si dispones de uno o más vídeos en los que presentes tu libro o que estén relacionados con la temática de este —alguna charla o conferencia que hayas dado—, ¡súbelos! Que tus lectores puedan ver cómo hablas y te expresas aumentará mucho el grado de conexión y confianza. Precisamente lo que estamos buscando.

Aviso: si tras haber creado tu página de autor subes un nuevo libro a Amazon, para que se muestre en tu perfil deberás añadirlo manualmente dirigiéndote a la pestaña «Books» que aparece en la parte superior y haciendo clic en el botón «Add more books».

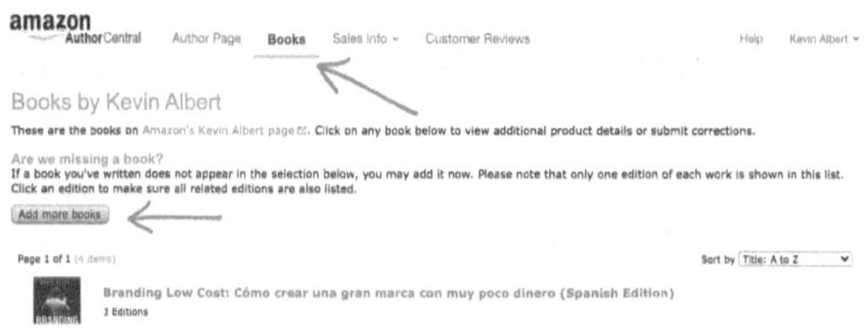

Localización «Add more books».

7. Tu libro en sí (obvio).

¿Pensabas que aplicando una serie de trucos y estrategias podrías llegar a vivir de un libro lamentable? Tengo buenas y malas noticias para ti.

Primero las malas: eso no va a pasar.

Y ahora las buenas: a diferencia de lo que ocurre con los libros de ficción, el éxito de un libro de no ficción radica principalmente en que cumpla lo que promete. Podría tener faltas de ortografía, ser difícil de seguir, resultar repetitivo..., pero si cuando el lector termine tu libro ha encontrado la solución al problema que trataba de resolver, tendrás un lector satisfecho.

¿O piensas que si con este libro consigo demostrar que es posible generar **una pensión de jubilación en menos de un año** en lugar de en más de cincuenta, alguien no va a quedar satisfecho porque haya cometido algún error ortográfico o no le gusten mis chistes?

Como ves, además de tener un buen libro, convertirte en autor *longseller* es tan fácil como...

- Conseguir que te encuentren (**atraer**);
- Conseguir que cuando te encuentren te cliquen (**convertir**);
- Conseguir que cuando te cliquen te compren (**vender**).

O lo que es lo mismo: necesitas crear un miniembudo de ventas en el que tú tienes el control sobre la efectividad de cada uno de sus niveles gracias a las 7 claves que acabamos de ver:

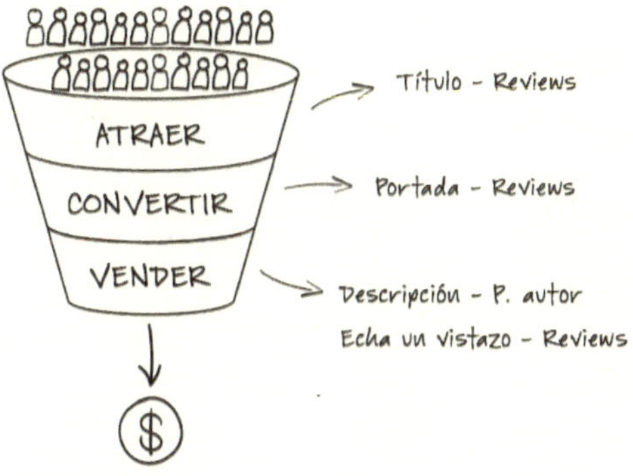

Papel más destacado de cada una de las 7 claves en cada nivel.

Como puedes observar en la imagen anterior, aunque todos los elementos están interrelacionados entre sí, cada una de las claves tiene un papel más destacado en uno de los tres niveles.

¿Te has fijado en que hay un elemento que se repite en todos los niveles y que además "se me había olvidado" mencionar en la lista de 7 claves?

Como seguro que ya imaginas, no se me había pasado. El hecho de habérmelo dejado para el final cuando en realidad debería haber hablado de él en tercer lugar —pues es el tercer elemento con el que se topará nuestro lector potencial— es porque por su importancia a la hora de conseguir la venta bien merece un capítulo aparte.

Me estoy refiriendo a las ***reviews*** **o reseñas de Amazon**.

Reseñas:
la clave del éxito

Las reseñas de un libro son, en gran medida, responsables de llevar a un autor al éxito o al fracaso. Y dado que Amazon es el líder mundial en venta de libros, conseguir comentarios reales en dicha plataforma resulta algo imprescindible.

Hay pocas cosas más dolorosas que haber pasado por el duro camino de escribir, publicar y lanzar un libro para ver cómo no consigue apenas ventas y termina cayendo en el olvido debido a la falta de reseñas.

Piénsalo: ¿cuántas veces has comprado un libro sin echar un vistazo a los comentarios? No se tú, pero a día de hoy y con lo fácil que nos lo pone Amazon, yo no compro nada sin antes leer unas cuantas opiniones de otros clientes/lectores.

No eches a perder todo el trabajo que has dedicado a tu libro por descuidar un último aspecto tan importante, porque sí, **obtener las primeras reseñas de tu libro es responsabilidad tuya**.

Por qué son tan importantes.

1. Credibilidad y prueba social.

Cuando buscamos un producto, intentamos decidirnos por un restaurante, elegimos el hotel donde pasar nuestras vacaciones o compramos un libro, todos miramos sus reseñas y valoraciones.

Un producto con muchas reseñas positivas en Amazon y una valoración media de 4-5 estrellas nos da tranquilidad a la hora de la compra. Pensamos que si hay tantas personas que han quedado satisfechas con él, a nosotros probablemente tampoco nos decepcione. Y en el caso de un libro de no ficción, **nos transmiten que realmente es capaz de cumplir aquello que promete**.

Esto cobra especial importancia cuando estamos comparando dos productos similares. Imagina que un producto tuviese decenas o cientos de reseñas positivas de 5 estrellas mientras que el otro no tuviese ninguna (o lo que es peor, que las tuviese de 1-3 estrellas), ¿con cuál te quedarías?

Un libro sin reseñas no es necesariamente un libro malo, pero si lo comparamos con otro similar con un gran número de comentarios positivos, las posibilidades de que el primero sea el elegido por los lectores disminuyen enormemente.

2. Influyen en el algoritmo de Amazon.

Amazon, igual que Google o YouTube, es un gran motor de búsqueda.

Cuando las personas lo usan, lo primero que ven está determinado por su algoritmo interno y las reseñas son una parte muy importante de este algoritmo: ayudándote a mejorar tu clasificación.

Cuanto mejor sea tu clasificación, más probabilidades hay de que la gente te encuentre, y cuanto más probable es que te encuentren, más posible es que vendas tu libro.

3. Impulsan las ventas.

Cada reseña que recibes aumenta tu clasificación, potencia tu credibilidad y atrae a lectores potenciales que serán más propensos a creer en las virtudes de tu libro si estas provienen de un tercero (el lector) que si las cuenta el propio autor.

Por si esto no fuese suficiente, existen varias plataformas como BookBub, Kindle Nation Daily o The Fussy Librarian por ejemplo, que te permitirán promocionar tu libro de forma gratuita cuando alcances un mínimo de reseñas (entre 5 y 10 y con una valoración superior a 3,5-4 estrellas). De esta forma, una vez que llegues al umbral mínimo, tendrás nuevas oportunidades de marketing (y ventas) disponibles para ti y para tus obras gracias a tus reseñas.

Advertencia: no hagas trampas.

Antes de explicarte cómo conseguir estas valiosas reseñas de Amazon es importante que sepas **qué NO puedes hacer**.

Amazon tiene tolerancia cero con aquellas reseñas diseñadas para engañar o manipular a sus clientes. Saltarte estas normas puede suponerte desde la simple eliminación de esa reseña tramposa hasta la supresión de tu libro del catálogo de Amazon para siempre o, lo que es peor, el cierre permanente y sin derecho a alegaciones de tu cuenta de autor. Y esto, si estás viviendo de tu libro/s, es el equivalente a ser despedido de tu empresa de la noche a la mañana y sin derecho a paro ni indemnización, así que, CUIDADO.

Aquí te dejo la lista de las cosas que no puedes hacer a la hora de conseguir una reseña:

1. Pagar o incentivar a alguien para que te deje una reseña.
2. Ofrecer un regalo a cambio.
3. Ofrecer un reembolso a cambio.
4. Intercambiar reseñas con otros autores.

Por último, del mismo modo que las reseñas tramposas a favor de tu libro están castigadas, las malas reseñas tramposas en contra de un libro de tu competencia también. Aunque sigue habiendo muchos *autores* (por llamarlos de alguna forma) que utilizan esta técnica despreciable, si Amazon o el propio autor agraviado se percatan, el tramposo puede quedarse sin cuenta en menos que canta un gallo.

Ahora que ya sabes qué no puedes hacer, veamos qué está permitido para aumentar las reseñas de tu libro de forma rápida y legítima.

Cómo conseguir reseñas en Amazon.

Como autor autopublicado, contar con un buen número de reseñas positivas en Amazon desde el principio puede catapultar tu lanzamiento y hacer que tu obra destaque por encima de tu competencia.

Es por ello que quiero remarcar la importancia de que no des el proceso de publicación por concluido hasta que no hayas conseguido estas primeras reseñas. Cuantas más reseñas positivas (reales) mejor, pero **conseguir entre 10 y 20 durante tu primer mes de lanzamiento** es un buen objetivo al que apuntar.

Hay muchas estrategias para encontrar lectores dispuestos a dejar una valoración, pero algunas de ellas pueden suponerte una gran inversión de tiempo... y de dinero: hay plataformas que las venden a más de 200€ cada una (cumpliendo con las normas de Amazon).

Así que, para conseguir reseñas durante el lanzamiento de tu libro o añadirlas a un libro que ya tienes publicado, vamos a ver **5 estrategias altamente efectivas** y que no requerirán que malgastes tu tiempo ni tu dinero.

1. Tu equipo de lanzamiento.

Contar con un buen equipo de lanzamiento no solo te permitirá alcanzar las primeras posiciones de Amazon cuando publiques tu libro, sino que también te ayudará a consolidarte como autor *longseller* gracias, entre otras cosas, a las reseñas que esta estrategia puede aportarte durante los primeros días.

Por lo general, conseguir que la mitad de los integrantes de tu equipo de lanzamiento te deje una reseña ya es todo un logro. Las principales razones por las que algunas personas podrían no hacerlo son:

- No les ha gustado tu libro.
- No han leído tu libro.

- No quieren molestarse.
- Por olvido.

Así que para intentar asegurar al menos ese 50% de reseñas y no acabar frustrado y enfadado, sigue estos pasos:

1. **No envíes mensajes/correos masivos**: si vas a pedir a alguien que se tome el tiempo necesario de escribir una reseña para tu libro, lo menos que puedes hacer es tomarte el tiempo necesario en escribir o llamar directamente a esa persona. Primero, por una simple cuestión de **consideración y respeto** (tu tiempo no es más valioso que el de los demás) y segundo, porque sentirán un **mayor grado de compromiso** si les escribes personalmente que si les envías un WhatsApp masivo con el que puedan pensar: «Entre tantas personas no se notará si me escaqueo».

2. **Lleva un control de tu equipo**: crea una hoja de cálculo simple con el nombre de todos los miembros de tu equipo para poder revisar:

   - Si lo avisaste de que ya podía comprar tu libro.
   - Si efectivamente lo compró.
   - Si le pediste que dejase una reseña.
   - Si efectivamente la dejó.

   De esta forma te aseguras de que nadie se te despiste y de no seguir insistiendo a aquellos que ya hayan hecho sus deberes. Porque sí, te va a tocar insistir un poquito.

3. **Pídeles que te avisen**: solicita a los miembros de tu equipo que una vez hayan dejado su reseña te lo comuniquen para poder leerla con atención. Esto, además de generar una mayor implicación, les demuestra que realmente valoras sus comentarios y te importa su opinión.

4. **No necesitan leer todo el libro**: uno de los principales motivos para que alguien de tu equipo no te deje una reseña es porque todavía no haya terminado de leer tu libro o incluso que no tenga pensado hacerlo, ya sea por falta de tiempo o porque el tema no les apasiona demasiado. Es importante liberarlos de esta presión explicándoles que no es necesario, que pueden opinar de lo que llevan leído hasta el momento y, si lo desean, modificar la reseña más adelante.

Si sigues estos pasos, te aseguro que multiplicarás el número de reseñas que recibas por parte de tu equipo de lanzamiento.

2. Plataformas especializadas: Booksprout y Book Bounty.

Existen multitud de plataformas que facilitan el intercambio de una copia gratuita de tu libro por una reseña honesta por parte del lector. Por supuesto cumpliendo las normas de Amazon. Mis dos favoritas son Booksprout y Book Bounty.

Booksprout:

Permite a los autores distribuir copias de sus libros a más de 40,000 lectores registrados, ofreciendo opciones tanto para libros electrónicos como para audiolibros. La plataforma, que protege los libros de la piratería, automatiza el envío de recordatorios y el seguimiento de reseñas, reduciendo significativamente la carga de trabajo. Cuenta diferentes planes de suscripción, desde opciones gratuitas hasta planes premium con herramientas avanzadas.

Los autores pueden solicitar que los lectores/oyentes dejen sus reseñas en plataformas como Amazon, Goodreads, Audible, Barnes & Noble, Apple Books, Kobo o Google Play Books.

Si quieres probarlo gratis durante 30 días, usa este enlace: www.soykevinalbert.com/booksprout

Book Bounty:

Permite a los autores obtener reseñas verificadas mediante un sistema de intercambio. Los autores leen y reseñan libros de otros autores, acumulando puntos que luego usan para recibir reseñas en sus propios libros. La plataforma ofrece diferentes planes de suscripción, desde opciones gratuitas hasta planes de pago con características avanzadas.

A diferencia de Booksprout, y en el momento de escribir estas líneas, las reseñas de Book Bounty están dirigidas exclusivamente a Amazon.

Si quieres probarlo de forma gratuita y además obtener un 15% de descuento en caso de que decidas suscribirte tras la prueba, usa este enlace: www.soykevinalbert.com/book-bounty

Personalmente considero Booksprout como un imprescindible en la caja de herramientas de cualquier autor autopublicado. Yo lo utilizo, además para conseguir reseñas de nuevos lectores, como medio por defecto para compartir mis libros y audiolibros con mis lectores más fieles (mi club de lectores). Por un lado, es mucho más profesional utilizar esta plataforma que enviar un PDF o un mp3 por un email. Y por otro, aumenta las posibilidades de que tu libro acabe en las manos de un lector realmente interesado y no en alguien cuyo único interés en tu libro se debe a que es gratis. No te haces una idea de los "lectores" que después de pedirte que les compartas un libro finalmente deciden no descargarlo simplemente por el paso adicional que supone hacerlo a través de Booksprout. Es una forma estupenda de filtrar a tus lectores y separar tu lista de correo entre "club de lectores" y "club de gorrones".

3. Pide tu reseña al final del libro.

Pocos lectores se dan cuenta de la importancia que tienen las reseñas para nosotros, los autores. Seguramente, muchos de los que hayan disfrutado tu libro estarían encantados de dejarte un comentario sobre él si tan solo les dieses un pequeño empujón.

Y puesto que Amazon no nos proporciona el correo —ni ningún otro dato— de nuestros lectores, debemos darles ese empujón desde el propio libro pidiendo de forma breve y concisa que nos dejen un comentario. Lo ideal es hacerlo en las últimas páginas, ya que las buenas reseñas suelen provenir de aquellas personas que han leído el libro hasta el final.

El simple hecho de pedir, multiplicará x2 el número de reseñas recibidas. Y si lo haces de forma correcta, el porcentaje de comentarios por libro leído se disparará.

¿Cómo pedir una reseña?

A. Céntrate en dar.

No hay nada de malo en pedir una reseña, pero si quieres obtener algo, primero deberías darlo tú.

CUIDADO: no estoy hablando de regalar nada a cambio de una reseña, esto va en contra de la política de Amazon. Me estoy refiriendo al hecho de haber ofrecido a tus lectores un buen libro que los haya entretenido, emocionado, inspirado... o en el caso de un libro de no ficción, **cumplido su promesa**.

B. Enfatiza la importancia de su reseña.

Para que tu lector tome la iniciativa, es importante que entienda que su reseña es importante para:

- **Mejorar el libro**: explícale que te ayudará a mejorar futuras ediciones de tu libro —u otros libros— gracias a su *feedback*.

- **Ayudar a otros lectores**: subraya la utilidad de un comentario para permitir que otros lectores puedan encontrar tu libro y saber qué esperar de él.

C. Humaniza tu petición.

Busca la forma de recordar a tus lectores que tras las páginas de tu libro hay una persona real —no una gran editorial—, con emociones y sentimientos reales. Cuéntales lo duro que fue el camino para terminar tu libro y la ilusión que te hizo el poder compartirlo con otras personas. Haciendo esto puedes **conseguir que te dejen una reseña *a ti*** además de a tu libro.

Truco pro: ya sabes que una imagen vale más que mil palabras, ¿verdad? Una forma rápida y efectiva de humaniza**rte** es añadiendo una foto tuya no profesional en tu petición de reseña. Muestra un lado de tu vida privada con el que pienses que tus lectores podrían empatizar o sentirse identificados: una foto familiar, con tu mascota, practicando tu *hobby* favorito (si es coleccionar animales disecados, mejor opta por la foto familiar), ...

D. Solo una petición.

Muchos autores aprovechan las últimas páginas de sus libros para hacer todo tipo de peticiones:

-   Apúntate a mí *Newsletter*.
-   Sígueme en mis redes sociales (y siete enlaces a sus redes sociales «favoritas»).

- Compra mi curso o mis otros libros.

- Contrata mis servicios.

- Déjame una reseña.

- ...

Todas son buenas llamadas a la acción para concluir tu libro, pero si no quieres que por exceso de peticiones tu lector acabe por no tomar ninguna de ellas, **elige solo una**.

Personalmente, te recomiendo que siempre empieces por la petición de una reseña y, cuando hayas alcanzado un número considerable, la cambies por tu siguiente petición favorita. Si tienes más libros, esa sería mi siguiente opción.

Nota: en la versión Kindle de tus libros sí puedes escoger, desde el principio, una llamada a la acción distinta a la petición de una reseña, pues el propio sistema sugerirá al lector que puntúe tu libro. Así, además, evitas sonar redundante.

E. Comparte el *link* directo a tu reseña.

Son muchos los autores que, en el momento de solicitar una reseña, incluyen un enlace a la página de su libro con el objetivo de facilitar el trabajo al lector. Aunque esto aumentará el porcentaje de conversión en cierta medida, convierte al lector en el responsable de buscar la página de reseñas y serán muchos los bienintencionados que acaben tirando la toalla antes de encontrarla y poder dejar su comentario.

¿Y si existiese la forma de incluir un *link* que los llevase directamente a la página de reseñas? Todo lo que tendrían que hacer es «clic» y empezar a escribir. Existe y es muy sencillo:

1. Dependiendo del formato al que quieres dirigir a tu lector, físico o digital, busca su ASIN correspondiente.

2. Añade el ASIN elegido al siguiente enlace:

amazon.es/review/create-review?&asin=

3. El link resultante es únicamente para *Amazon.es*; si tu mercado principal es otro, por ejemplo, el americano, tan solo cambia el *.es* por *.com*.

Truco pro 1: usa un acortador de URL. Si quieres que tu URL luzca más bonita (lo que se traducirá en una mayor conversión) puedes utilizar un acortador de URL como por ejemplo *Bitly*[9].

Truco Pro 2: crea un código QR. Especialmente para la versión física de tu libro, además de utilizar un acortador de URL puede ser interesante convertirla en un código QR[10]. Ponte en el lugar del lector: imagina que estás en la playa leyendo un libro (en papel) y de pronto el autor te sugiere que visites una página web, ¿qué te resultaría más sencillo: teclear una dirección web en tu *smartphone* o acceder únicamente utilizando la cámara de tu móvil?

---

[9] *bitly.com*
[10] Yo uso *codigos-qr.com*

4. Consigue el *email* de tus lectores.

Como acabo de comentar, Amazon no nos proporciona ningún dato de contacto de nuestros lectores (en mi opinión, uno de los mayores inconvenientes de vender en esta plataforma), por lo que, a no ser que el cliente nos escriba primero, no tenemos forma de comunicarnos con él.

Pero, ¿qué pasaría si pudiésemos hacernos con el correo de nuestros lectores?

Pues que, en primer lugar y tras haber esperado un tiempo razonable, podríamos escribirles interesándonos sobre qué les ha parecido nuestro libro y **animarles a escribir una reseña**.

Y, ¿cómo se consigue?

Pues, como siempre, dando antes de esperar recibir. Así que lo primero que tienes que hacer es pensar qué puedes ofrecer a tus lectores lo suficientemente atractivo, sin pasarte, como para que estén dispuestos a darte su *email* a cambio.

Puede ser el acceso a un vídeo o vídeos formativos, la asistencia a uno de tus webinars, la versión en audio de tu libro, una plantilla Excel, etc.

Una vez que has decidido qué es lo que vas a ofrecer a tus lectores, bastará con indicarles que para conseguir dicho recurso gratuito lo único que tienen que hacer es escribirte un email solicitándotelo.

Hay varias formas de automatizar este proceso, pero hasta que empieces a recibir tantas solicitudes como para que tengas que dedicar más de una hora a la semana a contestarlas, esto será más que suficiente. Pero si por algún motivo quieres aprender cómo automatizar este proceso desde el principio, escríbeme un email a *books@soykevinalbert.com* con el asunto «Automatización». ES BROMA ;)

Por último, **¿dónde colocamos este mensaje?**

Muy fácil. Si la petición de la reseña la hemos hecho al final del libro, la del *email* la vamos a hacer al principio, si es posible, o al final del capítulo relacionado con el recurso gratuito que queremos ofrecer.

Ahora que ya tienes el contacto de tus clientes, **úsalo con responsabilidad**. Aunque el lector te haya dado expresamente su permiso para contactar con él, trata de seguir siempre esta regla:

Contacta con tus lectores solo si tienes algo que aportar.

En el primer *email* es fácil poner como «excusa» el interesarte por qué le ha parecido el libro y resolver las dudas que le hayan podido quedar antes de solicitarle una reseña. Pero si después de esto no consigues su reseña y quieres volver a solicitársela, piensa muy bien qué le va a aportar tu segundo correo antes de volver a escribirle. Si no se te ocurre nada, lo siento, pero no puedes volver a molestarlo.

5. Relanza tu libro.

Una buena forma de dar un nuevo empujón a las ventas de tu libro al mismo tiempo que consigues un buen número de reseñas extras es hacer un relanzamiento.

Esto simplemente **consiste en montar un nuevo equipo de lanzamiento** y, si quieres, incluir algún nuevo capítulo o actualización (que aporte valor, claro). De esta forma, no solo conseguirás esas nuevas reseñas que andas buscando, sino que además volverás a escalar posiciones en el ranking de Amazon, lo que a su vez traerá nuevas ventas.

Nota: esta estrategia es ideal para aquellos autores que quieran revivir un libro que ya tuviesen publicado en Amazon antes de haber leído esta guía.

Cómo gestionar las malas reseñas.

Recibir reseñas positivas es todo un subidón. Que alguien a quien no conoces absolutamente de nada y que tal vez te lea desde la otra punta del mundo te deje una valoración de 5 estrellas en Amazon realmente te hace sentir que todo el esfuerzo realizado ha merecido la pena.

Pero, por suerte o por desgracia, tarde o temprano alguien va a dejarte un mal comentario. Es ley de vida, pero no te preocupes, **no siempre es algo negativo**:

1. Son señal de que estás vendiendo. La mejor manera de asegurarte de no recibir una mala reseña es no vender ni un solo libro. Siento decirte que, si sigues los consejos que te cuento en este libro, eso no va a pasar. Los autores que vendemos bien o muy bien vamos a tener malas reseñas, así que, a no ser que el número de estas sea mayor que el de las positivas... ALÉGRATE.

2. Te dan credibilidad. Un libro que solo tiene reseñas positivas a menudo no parece real. Tener alguna reseña negativa ayuda a convencer a tus lectores potenciales de que el resto son auténticas.

3. Te ofrecen la posibilidad de mejorar. Obviamente, si la reseña se limita a decir «tu libro apesta» o «no me ha gustado», de poco va a servirte, pero si nos encontramos con una que nos explica qué es exactamente lo que no le ha gustado, nos ofrece la posibilidad de revisarlo y mejorar o incluso eliminar esa parte si lo consideramos oportuno. Presta atención especialmente a los comentarios que se repiten.

Ahora que has descubierto el lado positivo de una reseña negativa, veamos cómo lidiar con estas cuando aparezcan:

1. Toma perspectiva. Por propia experiencia y por la de mis clientes, sé que el primer impulso tras recibir una reseña negativa es enfadarte si sabes que tienes un libro estupendo, o deprimirte si no tienes mucha fe en tu obra. Ninguno de estos dos estados de ánimo te ayudará a afrontar la situación de forma adecuada, así que lo fundamental es tomar perspectiva. En primer lugar, recuerda que una mala reseña no es siempre algo negativo como acabamos de ver y, en segundo lugar, te recomiendo que pienses en tu libro favorito, lo busques en Amazon y vayas a la sección de reseñas. ¿Sorprendido? Quién podría imaginarse que ese libro tan maravilloso que te cambió la vida podía tener semejante número de comentarios negativos, ¿verdad? Seguro que ahora esa reseña que no te dejaba dormir ya no te parece algo tan grave.

2. Clasifica las reseñas. Te aconsejo que trates de incluir la reseña en una de estas 3 categorías, pues actuaremos de forma diferente en cada caso: constructivas, inútiles o malintencionadas.

- **Constructivas: utilízalas para mejorar**. Como ya hemos visto, si la reseña contiene información de utilidad y nos explica qué es lo que ha empujado al lector a dejarnos un mal comentario, podemos emplearla para actualizar y mejorar futuras ediciones de nuestro libro.

- **Inútiles: ignóralas**. Si no nos proporciona ninguna información y se limita a una queja sin argumento alguno, lo mejor que podemos hacer es ignorarla y seguir a lo nuestro, vender libros.

- **Malintencionadas: denúncialas a Amazon**. Si es ofensiva o adviertes algo sospechoso en ella que te haga pensar que ha sido dejada por tu competencia con el único objetivo de disminuir tu puntuación global, puedes denunciarla a Amazon y solicitar su eliminación. Para ello, tan solo tienes que pinchar en el botón «Informar de un abuso» que encontrarás justo debajo de ella.

Llegados a este punto, ya tienes todas las herramientas necesarias para garantizar que tu libro se convierta en un auténtico *longseller* que siga cosechando ventas sin que tú tengas que hacer nada.

¿Quiere decir esto que ya puedes tumbarte en una hamaca a esperar que lleguen esos 600 euritos mensuales que te he prometido?

Pues... aunque hay casos en los que pasa (varios de mis alumnos lo han conseguido ya desde el primer mes de lanzamiento y sin tener que hacer nada más), siento decirte que por lo general esto se debe más bien a un golpe de suerte, especialmente fuera del mercado americano (donde sí es algo frecuente).

Lo cierto es que para la inmensa mayoría **las ganancias van a estar comprendidas entre los 50€ y los 300€ mensuales**, y esto si haces las cosas bien y como te he explicado hasta el momento; si no, tus ingresos mensuales estarán mucho más cerca de 0€ que de 50€.

«¡PUES VAYA TIMO! ¡Eso no es lo que habías prometido!» ...estarás pensando.

Calma.

Aunque esto es todo lo que, en el mejor de los casos, puedes esperar aprender con otros libros similares, en este libro... **ahora empieza lo bueno**.

El método DTP: 600€ al mes garantizados

Puede que no lo sepas, pero este libro tuvo su origen en una campaña de *crowdfunding*[11] en Kickstarter (si quieres puedes curiosearla entrando en este enlace: _soykevinalbert.com/kickstarter_).

Aunque fue todo un éxito y no tuve problemas en conseguir el objetivo de financiación, hubo muchas personas, escritores incluidos, que me acusaron, públicamente y por privado, de mentiroso y estafador pues, según ellos, no era posible garantizar 600€/mes con un solo libro, y mucho menos, en menos de un año.

---

[11] El *crowdfunding* es un modelo de financiamiento colectivo donde distintas personas de cualquier parte del mundo contribuyen con pequeñas o grandes aportaciones económicas para que un proyecto pueda hacerse realidad.

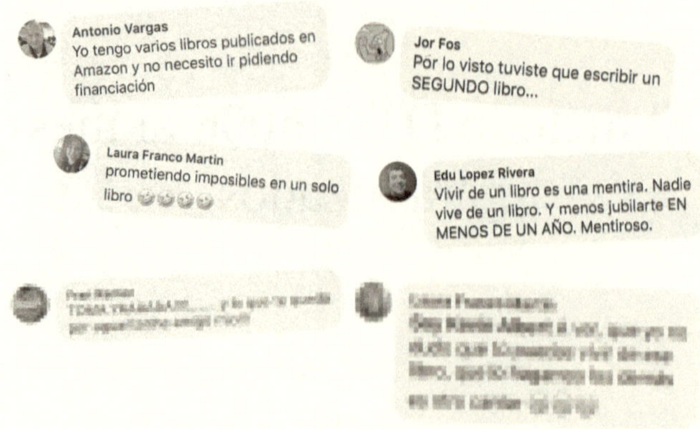

Comentarios públicos reales durante la campaña de *crowdfunding*.

Entre los autores que me escribieron acusándome de charlatán, **había incluso quienes me reconocían que sí llegaban a los 600 euros mensuales** (o mucho más) con alguno de sus libros, pero que con otros no conseguían pasar de los 100.

Esto es así: unos libros van a venderse mejor que otros.

Por ponerte un ejemplo, un conocido mío tiene varios libros publicados y mientras que la mayoría de ellos no llegan a los 600€/mes, uno en concreto le genera más de 15.000€ todos los meses. Como él mismo reconoce, no sabría decir qué tiene ese libro de especial y atribuye su éxito más bien a una cuestión de suerte.

Por supuesto, esto también podría pasarte a ti y empezar a ganar no 600... sino más de 10.000 euros desde el primer momento y sin tener que hacer nada. Pero al igual que a este chico, sería una cuestión de suerte y ahí yo no puedo ayudarte. Si lo que buscas es pegar el pelotazo, mejor juega a la lotería.

Donde sí puedo ayudarte es a **garantizar los 600€/mes**.

¿Cómo es posible? ¿No había dicho en el capítulo anterior que, en la mayoría de las ocasiones, las ganancias iban a estar comprendidas entre los 50 y 300€ mensuales? ¿Me estoy liando?

Nada de eso, es aquí donde entra en juego MI MÉTODO. Puedes llamarlo *el método Kevin para escritores y no escritores de no ficción que desean*

*vivir de sus libros y mandar a la mier** a su jefe... o*
Método DTP: Divide, Traduce y Promociona.

Con este método seguimos dejando en manos del destino el pegar el pelotazo y ganar 10.000€ o más con un solo libro sin tener que hacer nada, pero nos aseguramos los 600€ al mes aplicando estas tres sencillas estrategias.

Estrategia nº1: **divide.**

Como acabo de contarte, algunos de los autores que me escribieron durante la campaña de *crowdfunding* me confesaban que, aunque con algunos libros sí sacaban un buen sueldo, con otros no pasaban de los 100 o 200 euros. Por mi experiencia personal y la de mis colegas y clientes, es raro que un libro dé menos de 100 euros al mes si se han hecho los deberes (los pasos que te he explicado hasta ahora). Sin embargo, vamos a ponernos pesimistas solo por un momento: supongamos que, una vez que lanzas tu libro, solo consiguieses ingresar 50€ al mes.

Creo que incluso aquellos que me escribieron para ponerme de estafador y mentiroso para arriba estarían de acuerdo en que **50€/mes sí se pueden garantizar**. Imagino que tú también estarás de acuerdo, ¿verdad?

Si vendes tu libro digamos a 19,99€, tus *royalties* por libro vendido rondarán los 10€[12]. Esto quiere decir que vendiendo 5 libros al mes ya llegarías a los 50€. Y eso que, para simplificar, no estoy teniendo en cuenta los *royalties* de la versión digital de tu libro, que muchos meses serán mayores que los del físico.

¿Te ves capaz de hacer 5 ventitas al mes en una librería (Amazon) que usan más de 300 millones de personas? Fácil, ¿verdad?

¡Seguimos!

Estoy seguro de que en tu primer libro has querido condensar todo el conocimiento y experiencia que has ido acumulando durante años y escribir un libro del que sentirte orgulloso. Eso está genial y la sensación de autorrealización es incomparable, pero no quiere decir que un libro gordo de tropecientos capítulos vaya a venderse mejor que un libro finito centrado en uno solo de esos capítulos.

---

[12] Variará dependiendo del número de páginas: a más páginas, menos *royalties* (si el precio de venta se mantiene).

¿Sabías que los libros de entre 5.000 y 15.000 palabras se están poniendo de moda en Amazon y que se están vendiendo muy, muy bien?

Los lectores, especialmente los de no ficción, buscan, cada vez más, libros que vayan directos al grano, que aporten soluciones a sus dolores de forma breve y concisa y que puedan consumirse de una sentada. Tanto es así que Amazon ha creado una categoría especial para ellos: los *short reads*.

Seguro que ya te vas oliendo por dónde voy.

¿Y si divides tu libro por capítulos —aquellos más importantes— y los publicas de forma independiente como *short reads* o minilibros?

Digamos que, además de publicar tu libro, publicas otros cinco minilibros compuestos por los cinco capítulos más importantes del principal. El número de minilibros que puedas publicar dependerá, en parte, de la extensión del principal, claro, pero seguro que, en el peor de los casos, no te resulta difícil extraer cinco buenos capítulos que puedan funcionar bien por separado.

Con esta sencilla estrategia habrás **multiplicado x6 los beneficios de tu libro**, que en realidad... **¡Son el mismo libro, pero por fascículos!**

- Libro principal = 50€/mes
- Minilibro 1 = 100€ (50€/mes x 2)
- Minilibro 2 = 150€ (50€/mes x 3)
- Minilibro 3 = 200€ (50€/mes x 4)
- Minilibro 4 = 250€ (50€/mes x 5)
- Minilibro 5 = 300€ (50€/mes x 6)

Puede que te estés preguntando: ¿un minilibro puede venderse al mismo precio que el principal? Pues, por poder se puede, aunque no es lo normal ni lo que yo te recomiendo. Sin embargo, ¿puede vender tantas unidades como el principal? Por supuesto, y al tener un precio más reducido —entre otras cosas—, te aseguro que venderás muchas más unidades que del principal. Aunque el precio sea más bajo, lo importante es que al final las ganancias son las mismas con los pequeños que con el grande.

Ejemplo:

Libro principal .... 5 ventas x 10€ = 50€
Minilibros .... 10 ventas x 5€ = 50€

¿Se te ocurre una forma más rápida de multiplicar los ingresos de tu libro?

Piénsalo: incluso en el mejor de los casos en el que apliques mi método *Escritor en 30 días*[13], escribir un buen libro va a requerirte de varias semanas de trabajo. Sin embargo, **dividirlo es cuestión de unas pocas horas**.

¿No termina de seducirte la idea de *desguazar* tu libro? Es normal, a mí al principio también me costaba verlo. Tenía la impresión de estar vendiendo libros incompletos cuando lo cierto es que estaba

---

[13] Explicado en la primera parte de *Triunfa con tu libro*: *soykevinalbert.com/books/tctl1*

vendiendo **libros ultraespecíficos o especializa-
dos** con muy buena acogida por parte de los lectores.

Una vez que tú también cambies tu perspectiva, se abrirá ante ti un nuevo mundo de posibilidades.

7 beneficios ocultos de dividir tu libro.

1. Aumenta tu autoridad.

Si piensas que publicar un *bestseller* en tu campo te proporciona autoridad, imagina lo que pueden hacer varios *bestsellers* por tu marca personal. Las personas te percibirán como un mayor experto si tienes diez libros publicados que si tienes solo uno, ¡aunque en realidad se trate del mismo!

2. Mayor alcance y visibilidad.

Al dividir tu libro en varios minilibros, tendrás la oportunidad de emplear *keywords* específicas para cada uno de ellos. Esto, entre otras cosas, te permitirá probar **tantos títulos diferentes como minili-bros** decidas publicar, y como ya sabes, *el título de un libro es el secreto nº1 para ser encontrado en Amazon.*

De esta forma, estamos multiplicando nuestras posibilidades de ser descubiertos por nuestros lectores potenciales.

3. Para todos los gustos.

Puede que pienses que si escribes un compendio sobre una determinada materia estarás escribiendo el libro perfecto para todos aquellos interesados en ella. Sin embargo, habrá personas que prefieran leer un libro más específico que se centre en un único punto o idea.

Al dividir tu libro estarás creando el libro perfecto para un mayor número de personas, aumentando así tus posibilidades de venta.

4. Para todos los bolsillos.

A pesar de que un libro es un producto relativamente económico, habrá personas a las que les duela pagar, digamos, 29€ por un tocho del que solo les interesa uno de sus capítulos, y además, de un autor al que todavía no conocen.

Los minilibros permiten a los lectores pagar un precio más reducido al tratarse de un solo punto o capítulo del libro principal.

Como la inversión necesaria es menor, será mayor el número de lectores que decidan darte una oportunidad y, si les gusta lo que leen, hay muchas posibilidades de que acaben comprando el resto de minilibros de la serie, especialmente si al final de cada uno de ellos haces una buena introducción del siguiente.

Estamos ofreciendo al lector la posibilidad de comprar nuestro libro en cómodos plazos.

5. Mayores ingresos.

Pongamos que decides vender tu libro principal a 19,99€ (un precio relativamente alto para un libro, independientemente de su longitud) y tus minilibros a 9,99€ (un precio bastante ajustado incluso para un minilibro) cada uno.

Si has dividido tu libro principal en cinco y algún lector acaba comprándolos todos, algo muy probable, en lugar de haber facturado 19,99€ con tu libro principal... ¡habrás facturado 49,95€! ¡Dos veces y media más!

6. Más tickets de lotería.

No me gusta nada depender de la suerte y menos en lo relativo a mi economía. Por eso creé este sistema con el que, como mínimo, me garantizo los 600€/mes por cada libro. Pero esto no quiere decir que si uno de mis libros es bendecido por la diosa de la Fortuna y empieza a generarme 10.000€ al mes sin saber ni cómo ni por qué (tal y como le pasó a mi amigo), no vaya a ponerme a dar saltos de alegría. Si la suerte llama a mi puerta, bienvenida sea, por supuesto.

Pues bien, dividiendo tu libro en varios minilibros lo que estás haciendo es comprar más «billetes de lotería» y aumentando las posibilidades de que tu número sea el agraciado.

7. Motivación.

Después del hecho de que **dividir tu libro multiplica tus ingresos**, este es mi segundo beneficio favorito cuando todavía estás en proceso de escribir tu libro.

Tanto si todavía estás terminando tu libro como si aún no has empezado, te recomiendo probar lo siguiente: en lugar de acabar de escribirlo por completo para después dividirlo y publicarlo por partes, **empieza a publicar los minilibros conforme tengas terminados los capítulos que los**

componen y, posteriormente, cuando termines toda tu obra, publica el libro principal.

Te aseguro que ver cómo tus minilibros empiezan a venderse y a generarte ingresos te ayudará a mantener la motivación necesaria para conseguir terminar tu libro y que no te pase como a millones de autores que empezaron pero nunca llegaron a acabar sus obras.

Espero que con todos los beneficios —tanto para ti como para tus lectores— que te he contado, te animes a aplicar esta extraordinaria estrategia que te pondrá las cosas muy fáciles a la hora de alcanzar el objetivo de los 600€.

Ya solo nos queda por ver...

Cómo dividir un libro.

Una vez que consigues cambiar el chip y empiezas a ver los minilibros como libros ultraespecializados que aportan un gran valor a los lectores proporcionando soluciones concretas a problemas concretos, se te ocurrirán decenas de formas en las que dividir tu libro. Podrías crear series de minilibros con las secciones de tu libro principal, otros con los capí-tulos de este, puede incluso que te des cuenta de que determinados puntos es mejor escribirlos directamente como libros independientes (que no forman parte de una serie) y solo hacer una pequeña mención en el principal, etc.

Para verlo más claro y que te sirva de inspiración, voy a enseñarte el plan de división y publicación (provisional) de mi libro principal: *Vivir de mi libro*.

Este era índice inicial que tenía pensado incluir:

1. ESCRIBE TU LIBRO.
    Cap. 1 – Por qué escribir un libro.
    Cap. 2 – Excusas y bloqueos del escritor.
    Cap. 3 – Qué escribir.
    Cap. 4 – El título.

Cap. 5 – Cómo escribir tu libro.

5.1. La magia de los mapas mentales.

5.2. El poder de la investigación.

5.3. La estructura de los esquemas.

Cap. 6 – Reto: Escritor en 30 días.

2. PUBLICA TU LIBRO.

Cap. 7 – Autopublicación vs. editorial.

Cap. 8 – Edición.

Cap. 9 – Maquetación.

Cap. 10 – Portada.

Cap. 11 – Descripción.

Cap. 12 – Palabras clave.

Cap. 13 – Categorías.

Cap. 14 – Precio.

Cap. 15 – Sube tu libro a Amazon.

3. VENDE TU LIBRO.

Cap. 16 – *Bestseller* en 24 horas.

Cap. 17 – De *bestseller* a *longseller*.

Cap. 18 – Reseñas.

Cap. 19 – Tu libro de jubilación.

19.1. Estrategia nº1: divide.

19. 2. Estrategia nº2: traduce.

19. 3. Estrategia nº3: promociona.

Cap. 20 – Amazon Ads.

Cap. 21 – Facebook Ads.

Cap. 22 – Audiolibro.

Cap. 23 – *Crowdfunding.*

Cap. 24 – Preventa en Amazon.

Cap. 25 – Re-lanza tu libro.

¿Cuántos minilibros serías capaz de sacar de este índice? Yo, de momento, he pensado en sacar 12 más el libro principal. Y seguro que durante el camino acaban surgiendo otras tantas ideas para nuevos minilibros:

1. Minilibro: *Escribe tu libro* (4,99€)

2. Minilibro: *Publica tu libro* (4,99€)

3. Minilibro: *Vende tu libro*[14] (6,99€)

4. **Libro principal**: *Vivir de mi libro* (9,99€)

5. Minilibro: *Audiolibro* (4,99€)

6. Minilibro 4: *Amazon Ads* (9,99€)

7. Minilibro 5: *Facebook Ads* (9,99€)

---

[14] Convertido en *Triunfa con tu libro 3*, el libro que tienes entre tus manos.

8. Minilibro: *Crowdfunding* (4,99€)

9. Minilibro: *Re-lanza tu libro* (4,99€)

10. Minilibro: *Portada* (1,99€)

11. Minilibro: *Edición* (1,99€)

12. Minilibro: *Maquetación* (1,99€)

13. Minilibro: *Reseñas* (1,99€)

He organizado la lista en la secuencia que tengo pensado ir publicando e indicado el precio al que tengo previsto hacerlo (versión Kindle).

Preparar una lista como esta por adelantado, con una posible división de tu libro en minilibros, puede hacer además que acabes teniendo una mejor versión del principal, pues no sentirás la necesidad de incluir en este absolutamente toda la información de la que dispones por el mero hecho de demostrar cuánto sabes o de no dejarte nada en el tintero. Algunos capítulos, por muy interesantes que puedan ser, es mejor dejarlos para un libro independiente, consiguiendo así mejorar la comprensión y el valor de tu libro principal.

Truco pro: una vez que tengas tu lista preparada, mira a ver **qué minilibros podrían funcionar como una serie**. Por ejemplo, yo decidí agrupar el 1, 2 y 3 de mi lista en la serie *Triunfa con tu libro* (escribe, publica y vende). De esta forma, cuando los subas a KDP podrás indicar que se trata de una serie de libros y Amazon avisará a los lectores que hayan comprado uno de ellos de la existencia de los otros de la serie, algo que obviamente mejorará tus ventas.

Consideraciones a la hora de dividir un libro.

Tan solo una recomendación si decides utilizar esta estrategia y dividir tu libro:

Trata a tus minilibros con el mismo cariño que a tu libro principal.

Dividir un libro en cinco minilibros te llevará menos de una décima parte del tiempo del que te llevaría escribir cinco nuevos libros, pero esto no quiere decir que no requiera trabajo.

Si para tu libro principal dedicaste una semana a preparar una buena portada, te preocupaste en escribiste un título (y subtítulo) que enamorase a Amazon y a tus lectores, coordinaste un equipo de lanzamiento para escalar posiciones en el ranking y conseguir tus primeras reseñas... **¡Con tus minilibros debes hacer exactamente lo mismo!**

Truco pro: aprovecha el final de tus minilibros para introducir, al menos, otro minilibro y añadir un **enlace directo universal** a este. Esto es especialmente efectivo cuando se trata de una serie.

¿Por qué digo enlace universal?

Muchas personas no saben que Amazon en realidad está compuesto por un total de catorce tiendas online diferentes (*.com*, *.es*, *.fr*, etc.). Esto quiere decir que, si compartes un enlace a tu libro en *Amazon.es* el usuario será enviado a la versión española de la plataforma y si este no tiene cuenta en dicha tienda no podrá comprarlo directamente.

Es aquí donde entran en juego los enlaces universales.

En lugar de ignorar a tus lectores internacionales o compartir catorce enlaces diferentes para cada una de las tiendas de Amazon, vas a crear un enlace mágico que redirija al usuario a la página de tu libro «de su país».

Para ello vamos a utilizar la herramienta Booklinker. Su uso no puede ser más sencillo:

1. Entra en *booklinker.com*.
2. Introduce el enlace (URL) de tu libro.
3. Pincha en «Create Universal Link».
4. Personaliza tu enlace universal (con el título de tu libro, por ejemplo).
5. Regístrate.
6. ¡Listo!

Así es como quedaría el nuevo enlace universal a uno de mis libros:

- **Antes**: *amazon.es/gp/product/B087ZGC5GB/*
  **Válido solo para Amazon.es.*
- **Después**: *mybook.to/triunfacontulibro/*
  **Válido para las catorce tiendas de Amazon.*

Estrategia nº2: **traduce**.

Si en el capítulo anterior hiciste un cálculo mental rápido de los *royalties* que me generaría mi libro habiéndolo dividido en doce partes, te darías cuenta de que sin tener que hacer nada más e incluso con unos beneficios de 50€/mes por libro (que es una estimación muy conservadora), ya habría alcanzado el objetivo de los 600€ mensuales.

¿Pero qué ocurre si después de devanarte los sesos, en lugar de conseguir dividir tu libro en doce minilibros más, consideras que tan solo cinco de tus capítulos merecen ser publicados como libros independientes? Estaríamos hablando *únicamente* de 300€/mes. ¿Cómo llegamos a los 600€/mes prometidos?

Si ya has alcanzado los 300€ mensuales dividiendo tu libro y no quieres (o no se te ocurren) más divisiones, lo único que tienes que hacer ahora es algo tan

sencillo como **traducir tu libro a otro idioma y...
DOBLARTE EL SUELDO**.

Puede que te parezca una tontería por lo obvio que resulta pero, ¿sabes cuántos autores que están vendiendo muy bien sus libros todavía no los tienen traducidos?

Entiendo que alguien que ha publicado un libro y sus beneficios no le dan ni para pipas no se plantee traducirlo a otro idioma para que vuelva a pasarle lo mismo. Pero solo se me ocurren dos motivos para que aquellos autores que sí están obteniendo unas buenas regalías con sus libros no los tengan traducidos: no saben cómo hacerlo o piensan que es algo muy caro.

Si este es tu caso, vamos a ver dos formas de traducir tus libros a cualquier idioma de forma sencilla... ¡e incluso gratis!

1. Upwork: mi elección.

De todos los sitios en los que puedes buscar un traductor para tu libro, personalmente te recomiendo apostar por Upwork[15], un *marketplace* o espacio virtual que pone en contacto a los mejores *freelancers* de todo el mundo con empresas o particulares que buscan a un profesional con talento.

Básicamente, lo único que tienes que hacer es registrarte en la plataforma y publicar tu oferta de trabajo (la traducción de tu libro) siguiendo los pasos que se te van indicando. Empezarás a recibir propuestas de decenas de *freelancers* interesados en traducir tu libro. Tu único trabajo será encontrar al profesional que te ofrezca la mejor relación calidad/precio.

Cómo elegir a tu traductor.

Lo mejor de trabajar con una plataforma como Upwork es que puedes revisar el perfil de todos los *freelancers* que se ofrezcan para traducir tu libro: sus

---

15 *upwork.com*

tarifas, su formación, su portfolio... y lo más importante: las reseñas de sus clientes.

Realmente puedes llegar a perderte entre tanta información y pasarte días revisando perfiles. Pero no será necesario. Así es cómo lo hago yo:

En primer lugar, descarto todas las propuestas de aquellos *freelancers* que no han ganado al menos 10.000€ en la plataforma y que no tienen un mínimo del 90% de satisfacción por parte de sus antiguos clientes. Solo con esto, ya habrás reducido la lista a unas pocas ofertas. Entre los profesionales que queden en pie, empieza a hacer un sondeo y revisa si alguno de ellos está especializado o ha traducido anteriormente libros sobre tu misma temática y márcalos como favoritos.

Ya solo queda hablar de tarifas.

Cuánto cuesta traducir un libro en Upwork.

La respuesta es simple: **lo que tú quieras gastarte**.

Desde hace ya varios años, es raro la semana que no uso Upwork para algo (no te puedes imaginar la de cosas que puedes llegar a encargar). Lo primero que aprendí al trabajar con estas plataformas es que, al igual que en el mundo *offline*, los precios varían *hasta el infinito y más allá*.

Por el mismo libro (digamos de treinta mil palabras), traducido por dos *freelancers* con el mismo grado de formación y experiencia, puedes esperar pagar desde 150€ hasta más de 5.000€[16].

Esta diferencia **abismal** depende de diversos factores: el principal es el país de origen del *freelance*, pues no cuesta lo mismo vivir en España que en

---

[16] Los precios oficiales (recomendados por la Editorial Freelancers Association) por traducir un libro están comprendidos entre 0,08€ y 0,17€ por palabra.

Estados Unidos, por ejemplo. Pero también puede depender de lo solicitado que esté el *freelance* o de lo «famoso» que sea.

Que esto no te desanime, precisamente esta es la magia de estos *marketplaces*. Recuerda: si el profesional tiene un 90% o más de satisfacción y ha ganado al menos 10.000€ en la plataforma, puedes estar prácticamente seguro de que obtendrás un buen trabajo.

Para que te sirva de orientación, en mis últimos libros, que tenían entre quince mil y treinta mil palabras, he pagado una media de 100€.

Truco: puesto que la página web de Upwork no tiene la opción de traducir por idiomas, si quieres poder leerla sin problemas tan solo tienes que usar el navegador Google Chrome y pinchar en el icono de traducción que aparece en la barra de direcciones URL del navegador.

Localización del icono de traducción en la barra de direcciones.

IMPORTANTE: aunque una vez que empieces a hablar con los diferentes *freelancers* podrás hacerlo en español, la propuesta de trabajo debes hacerla en inglés o te bloquearán la cuenta. Normas de Upwork. Con usar el traductor de Google será más que suficiente.

2. Babelcube: gratuito.

Babelcube es una plataforma que pone en contacto a escritores y traductores. Los primeros consiguen traducir su libro de forma gratuita y los segundos obtienen un porcentaje de las ventas.

Una vez que llegues a un acuerdo con un traductor y el trabajo esté terminado, Babelcube publicará tu libro traducido en más de 300 canales de venta: Amazon, Apple, Barnes & Noble...

El sistema de reparto de *royalties* varía según el número de unidades vendidas. A mayor volumen de ventas, mejores condiciones para el autor: desde el 30% al inicio hasta el 75% pasados los 8.000$.

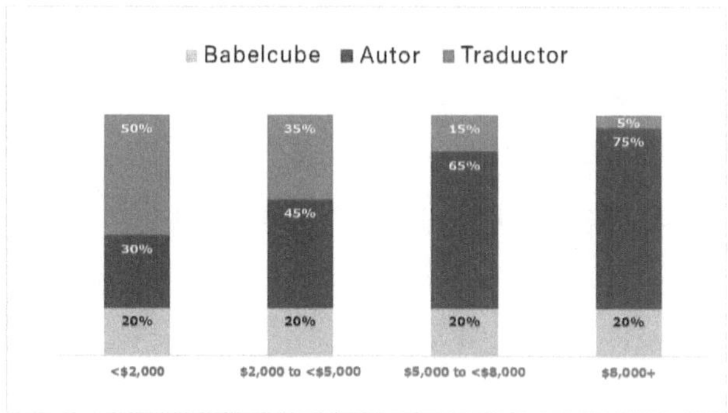

Repartición de *royalties* en Babelcube.

A tener en cuenta:

- Los libros cortos tienen más posibilidades de que un traductor se interese por ellos (pues le suponen un menor riesgo).

- Si ya has obtenido buenos resultados con tu libro en español, más traductores estarán dispuestos a traducirlo.

- Si nadie se interesa por tu libro cuando lo subes a la plataforma, puedes ser tú quien contacte directamente con los traductores. Babelcube ofrece un detallado listado de sus *freelancers*.

Ventajas de Babelcube:

- Coste = 0€ (únicamente compartes las ganancias).
- Posibilidad de traducir tu libro a más de 15 idiomas.
- Tú eliges a tu traductor o equipo de traductores.
- Vende tu libro en cientos de canales de venta y servicios de suscripción.
- Gana ingresos adicionales de nuevos mercados.

Cómo funciona Babelcube.

1. Crea una cuenta. Proporciona tantos detalles como sea posible, ya que esto permitirá que los traductores te conozcan. Esta será tu tarjeta de presentación.

2. Crea el perfil de tu libro. Publica un perfil para cada libro que desees traducir. Asegúrate de incluir toda la información sobre su potencial:

historial de ventas y *royalties*, reseñas, premios y reconocimientos (categorías en las que has llegado a *bestseller*) y cualquier otra información que consideres relevante. También es recomendable que incluyas un breve texto de muestra (máximo de 2.000 caracteres) de tu libro para que los traductores puedan proporcionar una prueba de traducción.

3. Elige a tu traductor. Una vez hayas subido el perfil de tu libro empezarás a recibir propuestas de diferentes traductores. En muchas ocasiones trabajan en equipo: uno se ocupa de la traducción y otro de la edición y corrección (todo un lujo). En cada propuesta se indicará el idioma de destino y el tiempo estimado. Ya solo tienes que revisar las propuestas, investigar el perfil de los traductores y aceptar la oferta elegida.

4. Revisa la traducción de las primeras páginas. Cuando las primeras diez páginas hayan sido traducidas, tendrás la oportunidad de revisarlas para

comprobar la calidad y, si esta es pobre, poder cancelar el trabajo sin penalización.

Truco pro: si no tienes el nivel suficiente para revisar la traducción (lo más normal) y no cuentas con ningún amigo que pueda echarte una mano, en este punto puede ser interesante crear un minitrabajo en Upwork por unos 10-15€ para que otro *freelance* revise esta prueba de traducción.

5. Revisa la traducción final. Una vez la traducción esté terminada, podrás revisarla y sugerir cambios o modificaciones antes de aprobarla. Si por cualquier motivo consideras que no tiene la calidad suficiente y no puedes llegar a un acuerdo con el traductor, puedes anular el trabajo, pero se te cobrará un cargo por cancelación.

6. Prepara tu libro para distribuirlo. Babelcube te permitirá convertir tus libros en diferentes formatos, publicarlos y editarlos en sus distintos canales de venta.

7. Recibe tus *royalties*. Babelcube te pagará regularmente tus regalías y podrás hacer un seguimiento de las ventas y de los pagos desde tu panel de usuario.

Ahora que conoces dos métodos *low cost* para traducir tu libro de forma profesional, seguro que ya has empezado a hacer números: si dividiendo tu libro en cinco ya habías conseguido un mínimo de 300€ mensuales, con traducirlo únicamente a un idioma más ya habrías alcanzado el objetivo con el que me he comprometido en este libro: los 600€/mes.

Además, teniendo en cuenta el tamaño de otros mercados de Amazon (EEUU, Alemania, Francia...) en comparación con el de España, tus beneficios no solo pueden doblarse, sino que pueden llegar a multiplicarse x5 o x10 traduciendo tu libro a un solo idioma más, pues aunque la competencia sea mayor también lo es el número de clientes potenciales[17].

---

[17] Los lanzamientos de cinco cifras en *Amazon.com* son algo muy habitual.

¿Y si traduces tu libro a más de un idioma?

Obviamente, si por cualquier motivo después de traducir tu libro a otro idioma todavía no has alcanzado los 600€/mes (aunque sería muy extraño), te animo a elegir un nuevo idioma y repetir el proceso. Pero, mejor aún, si ya has alcanzado (o pulverizado) el objetivo... **elige un nuevo idioma y... ¡VUELVE A DOBLARTE EL SUELDO!**

Estrategia n°3: **promociona**.

Seguro que te has dado cuenta de que, únicamente aplicando las dos primeras estrategias del método DTP, podrías seguir aumentando tus *royalties* prácticamente tanto como quisieras, pero antes de ponerme la medallita y dar el objetivo por cumplido, quiero explicarte una última estrategia con la que podrás aumentar todavía más tus ingresos pasivos y que, además, en esta ocasión, no provendrían de los beneficios de tu libro.

Como ya te he contado, para dar con un sistema que me permitiese garantizar una pensión de jubilación con un solo libro, invertí bastante dinero (más de 5.000€) en diversos cursos y formaciones. Entre estos, llegué a comprar uno de algo más de 1.000€ sobre Facebook Ads. El creador, un reconocido gurú de habla hispana, me garantizó personalmente que **gracias a los anuncios de Facebook podría ganar tanto como quisiese vendiendo mi libro.** Yo ya estaba bastante escamado por otros cursos del mismo estilo que me habían colado anteriormente, pero como tenía amigos en común con dicho gurú y además ofrecía una doble garantía de devolución, finalmente decidí comprar el curso. Como te estarás imaginando, acabó no funcionando y, a pesar de su doble garantía, no conseguí que me devolviese el dinero.

El motivo de que este curso no sirviese para ganar dinero con un libro era porque, como tantos otros cursos, se basaba en lo que en marketing se conoce como una **escalera de valor**, y para emplear esta estrategia necesitas al menos un producto *gancho* (o de entrada) y un producto o servicio *premium*:

1. **Producto gancho**: se ofrece a un precio muy reducido (por debajo de 20€) o incluso gratis. Su objetivo es captar el *email* de los clientes. Lo normal es que el gasto en publicidad para llevar a los usuarios a la página web donde comprar o descargar este producto sea mayor que los ingresos obtenidos.

2. **Producto premium**: tiene un precio elevado (desde 100€ en adelante). Se ofrece a los usuarios que han comprado el producto gancho. Por pura estadística, un porcentaje de estos clientes comprará también el producto premium. Es aquí donde se recupera la inversión que se hizo para vender el producto de entrada y donde se obtienen los beneficios.

¿Ves dónde está el problema de este sistema si buscas ganar dinero con un libro?

- **Hay que pagar para venderlo**. Se considera que tu libro es el producto gancho.
- **Se asume que tienes un producto premium**. Yo no lo tenía.

Precisamente por esto solicité, sin éxito, que me devolviesen el dinero del curso de Facebook Ads que me habían colado: yo no quería tener que pagar para que leyesen mi libro ni tenía el tiempo ni las ganas de crear un producto premium por aquel entonces, y me imagino que, si tú estás leyendo este libro, estás en la misma situación.

¿Pero qué me dirías si te contara que acabé encontrando la manera de crear una escalera de valor sin necesidad de invertir dinero para que lean tu libro y con la que poder vender un producto premium sin tener que crearlo?

¿Demasiado bueno para ser verdad? Recuérdalo en tu reseña ;)

1. Cómo vender tu libro sin invertir en publicidad.

Esta parte es fácil, ya la comenté al principio del libro. Puesto que vas a vender tu libro en Amazon y no desde tu propia página web, no necesitas gastar dinero en publicidad para atraer lectores potenciales hasta tu libro. ¡Amazon se ocupa!

2. Cómo vender un producto premium sin tener que crearlo.

Ahora viene lo bueno. En lugar de crear un producto premium, **vas a vender el producto premium de otra persona** :)

De esta forma, no será necesario que diseñes un producto extraordinario por el que la gente esté dispuesta a *rascarse el bolsillo*. Tan solo tendrás que encontrar ese producto extraordinario y promocionarlo... en tu propio libro.

Te estarás preguntado cómo demonios vas a ganar dinero promocionando el producto de otra persona. Permíteme que te haga una breve introducción al **marketing de afiliación**.

El marketing de afiliación es un sistema en el que un afiliado (tú) promociona el producto de otra persona o empresa (el productor), a cambio de una comisión por cada venta.

Es un sistema comercial estupendo en el que todo el mundo sale ganando:

- **El afiliado**: consigue rentabilizar su sitio web, sus redes sociales, **su libro**... a través de la venta de productos de terceros sin el trabajo que conlleva crear un producto premium.

- **El productor**: consigue nuevas ventas sin necesidad de invertir en publicidad.

- **El cliente**: pasa a tener más canales para buscar información sobre productos y poder tomar una decisión de compra más acertada. La recomendación suele venir de alguien en quien confía (tú).

¿Qué producto promociono?

Antes de explicarte el proceso para hacerte afiliado, lo primero es lo primero: cómo debe ser el producto que promociones y dónde encontrarlo.

Aunque en nuestra escalera de valor el producto premium no lo hayamos creado nosotros, debemos aplicar la misma lógica que utilizaríamos si, efectivamente, tuviésemos que hacerlo. El producto que promocionemos **debe ser un paso superior o complementario a nuestro libro**. También valdría un producto con un contenido similar pero en otro formato (un curso en vídeo, por ejemplo).

Poniendo como ejemplo mi propio libro, se me ocurren muchos productos que podrían ser del interés de las personas que lo hayan leído: *Cómo vender tus servicios gracias a tu libro, Crea un curso de tu libro, Facebook Ads para autores, Amazon Ads para autores, Crowdfunding para autores, Escribe tu libro en 30 días, Catapulta tu marca personal gracias a tu libro...* Obviamente los títulos habría que trabajarlos, pero pillas la idea, ¿verdad?

Te recomiendo que hagas una lista como esta con posibles cursos o productos que encajarían con tu libro antes de empezar tu investigación.

Ahora que ya tienes unas cuantas ideas interesantes de productos que podrían ser un buen complemento para tu libro, toca indagar si a alguien más se le había ocurrido alguna de esas ideas anteriormente y se ha creado un curso con ella.

Si sabes tanto sobre un tema como para haber escrito un libro sobre él, estoy seguro de que ya conoces a los mayores expertos de la materia y los mejores infoproductos del mercado.

Si por alguna razón no es así, tienes dos opciones:

- **Buscar en Google**. Bastará con que escribas los nombres de los productos de la lista que has elaborado acompañados de la palabra «curso». Cuando encuentres lo que estás buscando tendrás que informarte de si puedes vender ese producto como afiliado. Te recomiendo que le escribas un *email* al creador del curso y le preguntes directamente. La opción de afiliación no siempre se comunica de forma pública.

- **Buscar en Hotmart**[18]. Esta plataforma te permite buscar entre sus miles de productos de forma sencilla y filtrarlos atendiendo a diferentes criterios (comisión por venta, precio, etc.). Lo bueno de buscar en Hotmart es que, si encuentras un producto que te encaje, es casi seguro que cuenta con la opción de afiliado.

IMPORTANTE: antes de recomendar uno de estos cursos tienes que asegurarte de su calidad y de que vale lo que cuesta. Lo ideal es aconsejar uno que tú ya hayas hecho y con el que hayas quedado contento. Si no es así, tienes varias opciones: comprarlo y hacerlo, pedir al experto que te dé acceso a él durante unos días para poder revisarlo en profundidad, y/o investigar lo que opinan de él otros clientes. Piensa que te estás jugando tu reputación y credibilidad.

Si has escrito un libro del que estar orgulloso, no tires tu trabajo a la basura recomendando un curso malo o mediocre solo por el hecho de ganar unos

---

[18] Hotmart es una plataforma especializada en la comercialización y distribución de productos digitales: *hotmart.com*

euros de más. Aunque el curso no sea tuyo, como has sido tu quien lo ha recomendado en tu libro, el lector acabará relacionándolos en su cabeza y lo que opine del curso afectará a lo que opine de tu libro.

Debe ser un producto que recomendarías aunque no te llevases ninguna comisión: al hacerlo debes estar aportando valor. Por ejemplo, a mí no me habría costado nada haber incluido un enlace de afiliado al curso de Facebook Ads que he comentado y llevarme unos 500€ por cada lector que acabase comprándolo, pero no sería ético por mi parte puesto que yo no quedé contento con él.

¿Cómo convertirme en afiliado?

Ser afiliado de un curso o producto es tan sencillo como tener una URL de afiliado personalizada. Ejemplo:

- URL normal: *supercurso.com*
- URL de afiliado: *supercurso.com/kevinalbert*

Ambas URLs llevarían a la misma página web, es decir, el usuario vería exactamente lo mismo. La única diferencia es que, si el usuario termina haciendo una compra habiendo llegado a la web a través del enlace de afiliado, este afiliado recibiría una comisión por dicha venta.

Para conseguir tu enlace de afiliado tan solo tienes que registrarte en la plataforma en la que se encuentra alojado el curso que has elegido promocionar. Una vez registrado se te proporcionará tu enlace de afiliado y tendrás acceso a un panel de control desde el que llevar el seguimiento de tus ventas.

Ahora que ya tienes tu URL de afiliado solo tienes que compartirla tal cual te la han proporcionado o convertirla en un código QR como vimos en el capítulo anterior.

Ganarte un sueldo extra nunca fue tan fácil.

¿Dónde coloco mi URL de afiliado?

Puesto que el producto que vas a promocionar debería ser el paso siguiente a tu libro, lo normal es que tu recomendación y tu enlace de afiliado vayan al final. No solo por una cuestión de lógica, sino porque, además, colocándolo en las últimas páginas tendrás más tiempo de generar la confianza necesaria con tu lector y que tu recomendación tenga así un mayor efecto y posibilidades de conversión.

Cuidado con extenderte mucho con tu recomendación final y que tu libro acabe pareciendo una carta de ventas del producto promocionado. Hay quien escribe un libro solo como herramienta para vender su curso o el curso de otra persona. Esto canta mucho. Los lectores no son tontos y expresarán su descontento en sus reseñas.

Tu trabajo consiste en aconsejar un producto superior o complementario a tu libro. La tarea de convencer al cliente para que compre el producto premium recae en el creador del producto.

En lugar de explicar en el propio libro lo extraordinario que es el curso que promocionas, lo que puedes hacer es encontrar uno que tenga una buena página de ventas o, mejor aún, que el enlace de afiliado redirija a una suscripción a un webinar. El porcentaje de conversión de los webinar es muy superior:

- URL de afiliado > Página de ventas > Decisión de compra > **1-2% de conversión**.

- URL de afiliado > Suscripción a un webinar > Webinar > Página de ventas > Decisión de compra > **5-10% de conversión**.

¿Cuánto voy a ganar?

Ahora que ya has elegido el producto premium perfecto que quieres promocionar y has incluido el enlace de afiliado en tu libro, vamos a los números.

Para poder hacer un **cálculo aproximado** de las comisiones mensuales que conseguirás como afiliado, necesitas conocer 4 datos:

- **Precio del producto**. Supongamos que el producto premium que has decidido promocionar en tu libro cuesta 1.000€ (encontrarás infoproductos de hasta 5.000€ fácilmente).

- **Comisión por venta**. De estos 1.000€, tú te llevas el 50%, es decir, 500€ (50-50 es algo habitual en productos digitales, pues no tienen coste de producción y todo son beneficios).

- **Porcentaje de conversión**. Lo normal es que una buena carta de venta (tu libro) colocada en las manos de un cliente potencial (tu lector) convierta en torno al 2-4 %. Esto quiere decir que por cada 100 libros que vendas, deberían salir de 2 a 4 ventas[19].

---

[19] Si el producto es más barato, será más fácil que salga una venta (y viceversa).

- **Ventas mensuales de tu libro.** Si continuamos con los mismos números que hemos ido haciendo hasta ahora y consideramos que, además del libro principal (cinco ventas al mes), hemos publicado cinco minilibros más (diez ventas al mes cada uno), tendríamos un total de 55 ventas mensuales. Con estos números conseguiríamos vender entre 1 y 2 productos premium todos los meses y **añadiríamos 500-1.000€ en comisiones de afiliado a las regalías mensuales de nuestro libro**.

¿Y qué pasa si ya tienes tu libro traducido a otros idiomas?

Pues que **podrías multiplicar esas comisiones de afiliado por tantos idiomas como tengas traducido tu libro**. Eso sí, tendrás que hacer el proceso de investigación de un buen producto premium para cada uno de estos idiomas.

CONCLUSIONES.

Espero que después de haber leído las tres estrategias de las que se compone el método DTP eso de los 600€ que puede que al inicio del libro vieses con cierto recelo ahora te parezca un objetivo fácilmente alcanzable (o incluso poca cosa).

Si te fijas, simplemente dividiendo tu libro en cinco minilibros más y traduciéndolos a otro idioma ya habrías llegado al objetivo. Todavía podrías añadir tu enlace de afiliado a un producto premium, crear nuevas divisiones, traducirlo a más idiomas. Si haces números, verás que alcanzar los 3.000 o 5.000 euros con un solo libro no sería, para nada, algo descabellado. Entonces...

¿Por qué me he limitado a garantizar 600€/mes?

Primero, porque ese fue el objetivo inicial que me impulsó a escribir este libro: conseguir igualar en solo un año la pensión de jubilación que a mi padre le llevó más de cincuenta años conseguir.

Y segundo, porque he comprobado que cuando alguien descubre el verdadero potencial de un libro, el método DTP pasa a un segundo plano. ¿Por qué seguir dividiendo, traduciendo y promocionando si ya has superado, por mucho, tu objetivo inicial?

¿Te cuento un secreto?

Ninguno de mis alumnos ha llegado a dividir su libro en más de tres partes ni a traducirlo más allá de un segundo idioma, y aun así, TODOS han alcanzado su objetivo sobradamente y en menos de un año, algunos incluso durante el primer mes.

¿Cómo es posible?

A mí me gusta explicarlo con lo que yo llamo la **ley del pasillo**:

Imagina que te encuentras al principio de un largo pasillo en el que hay una gran puerta al final. Esa puerta sería el objetivo que te has marcado (pongamos que son los 600€ mensuales con tu libro). Puesto que puedes ver tu objetivo, la puerta al final del pasillo, empiezas a caminar hacia ella. Pero a lo largo del camino te das cuenta de que además de la puerta del fondo, también hay puertas a los lados que nunca habrías llegado a ver si no hubieses empezado a caminar en dirección a la puerta del fondo. Ahora viene lo bueno. Como eres muy curioso, decides abrir algunas de estas puertas, aquellas que más te llaman la atención, y descubres que tras ellas se encuentran nuevas o mejores formas de alcanzar tu objetivo, otras que te permiten superar, por mucho, el que era tu objetivo en un principio y otras que te revelan objetivos que ni siquiera se te habían pasado por la cabeza pero que, una vez los conoces, hacen que te olvides por completo del que era tu objetivo inicial.

Esta ley aplicada al objetivo de este libro podría traducirse en que tu libro y minilibros no te den cincuenta sino 200€ cada uno, que tu libro principal alcance de buenas a primeras los 1.000€ mensuales, que una editorial te contacte y te ofrezca pagarte mucho más de lo que tú te habías marcado, que gracias tu libro te ofrezcan el trabajo de tus sueños, que Amazon se ofrezca a convertir tu libro en audio y pagarte muy bien por ello, que decidas crear tú mismo un producto premium[20]...

Si, como digo, esto siempre (o casi siempre) va a ser así, ¿para qué te he contado el método DTP?

Pues porque este método va a ser el responsable de que empieces a caminar hacia la puerta del fondo del pasillo. La mayoría de personas no somos capaces de dar ni un solo paso si no vemos las cosas muy claras y sabemos (o pensamos) que no hay riesgo de fracasar. Es la naturaleza humana. Con mi método te he dado la seguridad de que pase lo que pase, aunque no encontrases más puertas a lo largo del pasillo o no te gustase lo que descubrieses tras ellas, tu objetivo principal está garantizado.

----

[20] Todos son ejemplos reales de clientes y colegas.

Bueno, ¿y qué más?

Lo primero de todo...

¡ENHORABUENA!

Tan solo el 1% de las personas que hablan de escribir un libro finalmente lo consigue. Pero lo que realmente es digno de admiración es ese pequeño grupo de héroes (entre el que tú estás incluido/a) que, no contentos con haber escrito un libro, deciden tomar cartas en el asunto y asegurarse de que su obra, además, llega a sus lectores.

Si recapitulamos, en este libro has aprendido:

- Cómo escapar de la carrera de la rata gracias a tu libro.
- Por qué un libro es un negocio perfecto.
- Cómo convertir tu libro en un *bestseller* en menos de 24 horas.
- Por qué ser un *bestseller* no sirve para nada.
- Cómo convertir tu *bestseller* en un *longseller* que siga vendiéndose más allá de su lanzamiento.
- Por qué las reseñas son la clave del éxito o del fracaso de un libro.
- Cómo conseguir reseñas en Amazon de forma continua y legal.
- Cómo garantizarte un sueldo de 600€/mes con las ventas de un solo libro.
- Cómo empezar a obtener ingresos con tu libro antes de tenerlo terminado.
- Cómo traducir tu libro de forma gratuita.
- Cómo vender un producto premium sin tener que crearlo.
- ...

¿Y ahora qué?

Una vez que hayas alcanzado, al menos, los 600€/mes con tu libro, las posibilidades son inmensas:

- Puedes convertirlo en un audiolibro y publicarlo en Audible.
- Puedes aprender a hacer publicidad en Amazon y disparar tus ventas e ingresos.
- Puedes contratar a un ghostwriter (o escritor fantasma) para ayudarte a escribir nuevos libros... o mejor aún, escribirlos directamente por ti.
- Puedes formarte en Facebook Ads y crear un embudo de ventas desde tu propia página web.
- Puedes crear tu propio producto premium y promocionarlo en tus libros.
- Puedes, por supuesto, escribir un nuevo libro.
- ...

El viaje que has iniciado no termina aquí. Este es solo el comienzo de una gran aventura. Convertirse en escritor no es solo una meta alcanzada, sino una puerta a un universo de oportunidades. Cada libro que escribes, cada idea que plasmas en el papel, no solo te acerca más a tus sueños, sino que también tiene el poder de tocar vidas, de inspirar a otros y de cambiar el mundo.

Recuerda, el éxito no se mide solo en cifras de ventas o en ingresos mensuales. El verdadero éxito es la satisfacción de haber compartido tu voz con el mundo, de haber dejado una huella, de haber inspirado a otros a seguir sus propios sueños.

Sigue escribiendo, sigue explorando, sigue soñando. El mundo necesita más historias, más ideas, más voces auténticas. Te necesita a ti. Necesita tu voz.

Gracias por haberme permitido acompañarte en este viaje. Estoy deseando ver dónde te llevará tu camino.

¡Un abrazo, amigo escritor!
Kevin Albert

Mi padre (razón de ser de este libro) y yo.

Importante

Como todos mis libros, esta es una versión beta, es decir que, al igual que yo mismo (sí, soy un macho beta), irá mejorando con el tiempo y la experiencia. Para que esto sea así, tu opinión es imprescindible.

Por favor, déjame una reseña en tu plataforma favorita y cuéntame qué te ha parecido:

- ¿Qué es lo que más te ha gustado?
- ¿Hay algo que hayas echado en falta?
- ¿Añadirías o quitarías alguna parte?
- ...

¡Un regalo solo para ti!

¿Te gustaría leer **mi próximo libro completamente GRATIS**? ¡Escanea el código que aparece debajo y **apúntate a mi club de lectores**!

Te esperan grandes sorpresas: sé el primero en leer mis nuevos lanzamientos, escucha mis audiolibros de forma gratuita, consigue copias firmadas y dedicadas... ¡y mucho más!

Otros libros de Kevin Albert